KB115549

미련곰탱이가
사람이 되네

미련곰탱이가 사람이 되네

발행일   2024년 8월 15일

지은이   오홍섭
펴낸이   손형국
펴낸곳   (주)북랩
편집인   선일영   편집   김은수, 배진용, 김현아, 김다빈, 김부경
디자인   이현수, 김민하, 임진형, 안유경, 신혜림   제작   박기성, 구성우, 이창영, 배상진
마케팅   김회란, 박진관
출판등록 2004. 12. 1(제2012-000051호)
주소   서울특별시 금천구 가산디지털 1로 168, 우림라이온스밸리 B동 B111호, B113~115호
홈페이지 www.book.co.kr
전화번호 (02)2026-5777   팩스   (02)3159-9637

ISBN   979-11-7224-179-7 03370(종이책)   979-11-7224-180-3 05370 (전자책)

(주)북랩 성공출판의 파트너

북랩 홈페이지와 패밀리 사이트에서 다양한 출판 솔루션을 만나 보세요!

홈페이지 book.co.kr   •   **블로그** blog.naver.com/essaybook   •   **출판문의** book@book.co.kr

---

작가 연락처 문의 ▸ ask.book.co.kr

작가 연락처는 개인정보이므로 북랩에서 알려드릴 수 없습니다.

미련곰탱이가 사람이 되네

오흥섭 지음

🍎 북랩

IV. 아래 세상 천사들의 이야기

V. 사람의 이야기

VI. 나는 단군 신화를 이렇게 읽었다

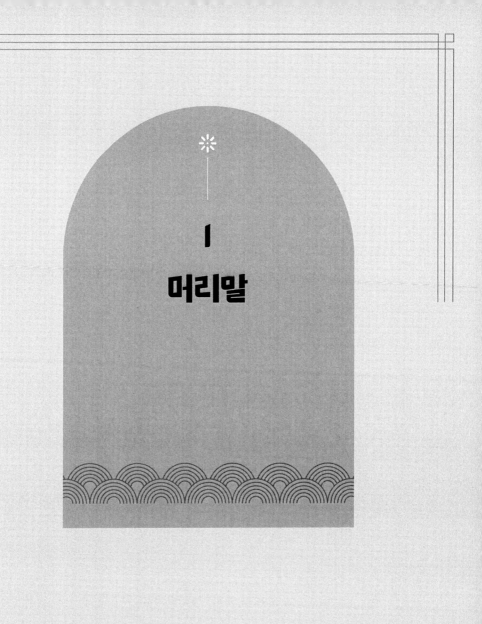

1
머리말

들어가며

글을 쓰게 된 동기는 퇴직 후 특별히 할 일도 없어 심심하던 차, 국사 공부를 도와달라는 딸의 말에 국사 시험문제를 보고 가슴이 갑갑함을 느껴서다.

> 3. 다음 자료를 모두 활용한 탐구 주제로 가장 적절한 것은 (2.8점)
>
> > 가) 환웅이 잠시 사람으로 변하여 웅녀와 혼인하였다. 웅녀가 아들을 낳으니 그 이름을 단군왕검이라 하였다.
> >
> > 나) 위만도 망명하여 오랑캐 복장을 하고 동쪽의 패수를 건너 준왕에게 투항하였으나…. 마침내 돌아와 준왕을 공격하였다. 준왕은 위만과 싸웠지만, 상대가 되지 못하였다.
>
> 1. 백제의 부흥운동
> 2. 제가 회의의 등장
> 3. 고조선의 건국과 발전 (정답?)
> 4. 성리학의 수용과 확신

도대체 고조선에 대해 무엇을 가르쳤는지 모르겠다. 가 항은 단군의 탄생만을, 나 항은 우리 민족의 시각이 아닌 이민족 시각에서 고조선의 멸망을 기록한 것이다. 고등학교 1학년 국사 문제 중에서 고조선 내용 중 단 한 문제만 내면서 고조선 신화와 멸망을 평가하는 이유가 뭔가?

우리 민족이 왜 나라를 세우고, 어떤 노력을 하였고, 어떤 잘못이 있었는지? 우리가 배울 교훈이 무엇인지? 과거를 알고 미래를 꿈꾸도록 하는 것이 배움의 목적이 아닌가? 그런데 우리 민족도 아닌 이민족의 시각에서 기록한 신화와 멸망의 내용으로, 고조선을 황당한 형편없는 나라로 학생들에게 가르친다는 말인가? 정말 이렇게 학교에서 가르치고 이렇게 배우는가? 한심하고 답답하다.

단군 신화에 대해 더 설명해 주고 싶은데 딸은 시험에 안 나온다고, 다른 과목도 시험 준비해야 한다고, 답답한 소리만 하고 있다고 한다. 그래서 나중에라도 볼 수 있도록 그간 배우고, 연구한 것을 정리해 보고자 했다.

우리가 단군 신화를 통상 이야기할 때는 일 년에 한 번, 개천절뿐이다. 단군 할아버지 옆에 곰과 호랑이가 등장하는 그림이 통상 머리에 떠오른다. 왜 개천절이냐고 물으면 신이 하늘 문을 열고 땅으로 내려왔기 때문이라고 하고, 정말 신이 있냐고? 그 신이 누구냐고 물어보면 대부분 단군 할아버지라고 이야기한다. 곰이 마늘과 쑥을 먹어 여자로 변했다는 줄거리와 신과 웅녀와 결혼해 아들을 낳고 그 아들이 단군이라는 줄거리는 옛날이야기이니까 그러려니 한다고 한다. 신화에 나오는 환인과 환웅은 상상 속의 등장인물로 생각하고 곰과 호랑이 옆에 있는 신은 환웅인데 단군으로 잘못 알고 있다. 그러나 단군이 홍익인간을 이념으로 고조선을 건국하였고 우리 민족은 그 후손이라는 자부심은 품고 있다.

단군 신화의 홍익인간 정신은 고조선의 건국이념이자 대한민국의 교육법이 정한 교육의 기본이념이다. 단군 신화는 우리 민족이 세운 최초의 위대한 건국 역사다. 왜 오늘날 교육의 기본이념이 된 걸까? 홍익인간의 이념은 이 세상을 모두 함께 즐거운 천국 같은 세상을 만들기 위해 과거도, 지금도, 미래에도 우리 민족이 나아가야 할 방향이기 때문이다. 단군 신화는 이상향 같은 천국을 이 세상에서 이루는 지혜를 전한다. 그런데 한낱 신화나 동화 같은 이야깃거리로 전락하는 것 같아 안타까워서 단군 신화가 알려주는 비밀의 이야기를 나름 풀어 보았다. 미비한 점이 있더라도 이렇게 생각하는 사람도 있구나 생각해 주시면 고맙겠다.

쉽지는 않겠지만 단군 신화에서 말하는 천국처럼 남은 생을 천국으로 만들며 살아 보고 싶다. 쉰 냄새 나는 이야기라 재미없어하겠지만 그래도 사랑스러운 가족에게, 그리고 나를 기억하시는 모든 분에게 전해 주고 싶다.

평생 군복을 입고 나름대로 사회에 나올 준비는 했었지만, 막상 60이 넘어 퇴직하고 보니 내가 알던 세상이 아니라 낯설고, 어색하게 느껴진다. 삶이라는 것이 내가 계획한 대로 되지는 않는다는 것을 알고는 있었지만 닥쳐보니 이제는 낯설고, 어색한 이 새로운 세상에 제2의 인생을 살아야 한다. 인생 2막을 바닥부터 적응해 보기로 했다. 그리고 얼마 지나지 않아 낯선 세상에 이렇게 고마운 사람들, 훌륭한 사람들이 많이 있다는 것을 알게 되어 감사하다.

남들이 하지 않는 일을 하루에 한 가지만 하자는 분, 하루 한 번만이라도 남을 웃게 하자는 분, 하루 한 번 칭찬하자고 하시는 분, 나보다 연세가 많지만 할 일이 많다시며 자격증 공부하시는 분, 직장 초년생인 내가 이것저것 물을 때마다 실수할 때마다 귀찮다고 할 법도 한데 하나씩 친절하게 가르쳐 주시는 분, 사회 생활에 소소한 문제들도 경험과 웃음으로 조언해 주시는 분, 내가 짬짬이 글을 쓰는 모습을 보고 내 일을 살며시 대신해 주시며 훌륭한 인품을 실천하시는 지금 나와 함께하는 모든 동료분들의 응원하는 마음에 무어라 감사의 인사를 드려야 할지 모르겠다.

한 마디, 한 줄을 쓸 때마다 지난 40년간 함께 했었던 많은 전우들과의 추억과 55살이 넘어 대학원 늦깎이 학생으로 배우고자 할 때 가르침과, 격려를 해 주신 교수님들께도 감사를 드린다. 그리고 함께 공부하고 꿈을 꾸며 집필에 많은 도움을 준 우리 문화연구회 선생님들이 "하고 싶은 일 지금 해, 다시 기회가 있다고 생각하지 말고 지금 최선을 다하면 후회할 일 없다, 우리는 너를 응원한다"라는 격려를 받으면서 집필에 용기를 가졌었다.

모든 분에게 고맙고, 감사한 마음을 이 책으로 전한다.

미련곰탱이가 사람이 되네

신화와 우리 민족 신화

1. 신화

　신화란[1] "한 나라 혹은 한 민족으로부터 전승되어 오는 예로부터 섬기는 신을 둘러싼 이야기를 뜻한다. (중략) 고대인들이 체험한 사실을 바탕으로 '자신들의 관점으로 해석해서 기술한 것'이 고대인들의 신화다. 그리고 이러한 허무맹랑하게 느껴질 수 있는 기록 역시 그 당시 사람들의 사고관을 반영한 것이고, 후대에도 전해지고 그 사람들의 정체성 형성에도 의미 있는 영향을 끼쳤기에 신화 자체도 너무나 소중한 역사 자료다. (중략) 신화는 과거에 종교로서 떨쳤던 영향만큼이나 다양한 문화를 파생시켰으며, 예술과 밀접한 관계를 맺고 문학과 극, 음악, 미술, 조각 등으로 전해졌기 때문에, 다양한 자료가 남아 있다. 원시시대에서 한 민족에게 예로부터 전해 오는 이야기로, (중략) 민족 전체를 지배하는 풍속·신앙·제도·도덕 등을 배경으로 하여 나타난 선조들의 문화적 유산이라 할 수 있다. 따라서 신화는 민족의 신념이고 그들의 역사를 말해 주며 때문에 민족 서사시로 발전하고 문학

---

[1] 위키백과에서 재인용

화된다"라고 한다.

아하, 신화는 고대인의 경험에 약간의 과장이 섞이고, 후세로 전달되면서 과거 사람들의 상상력을 조미료처럼 첨가해 전해오면서 생활 전반에 문화적인 유산으로 남아 지금 우리에게는 자부심과 긍지와 신념 등으로 변한 것이구나.

그럼 신화는 거짓도 아니고, 사실도 아니고, 공상도 아니고 뭐지? 그런데 단군 신화를 지어낸 이야기라고 한다.

지금 역사서에 없다고, 증거가 없다고, 증명 못 한다고, 등등 다양한 이유를 대지만 단군 신화를 부정하는 사람들, 당신들도 그 시대에 살아본 적이 없고, 사실이라고 하는 사람들도 그 시대에 살아본 적이 없으니 "내 말이 맞다" 고집하지 않았으면 좋겠다.

우리는 신화에서 교훈을 가려서 듣고, 지금 우리에게 유익한 것을 취해 발전시키고, 우리의 것을 만들어 후세에게 전하면 된다.

이것으로 후세에게 꿈의 씨앗이 되면 좋지 않겠는가?

2. 우리 민족의 신화

우리 민족의 건국 신화에는 고조선의 단군 신화와 북부여의 해모수 신화, 고구려의 동명왕 신화, 신라의 혁거세 신화, 가락국기가 전하는 수로왕 신화 등 다양한 건국 신화가 많다 . 우리 민족의 건국 신화는 삼국유사에서 '고기'라 부르고 있는 문헌 외에도 신라고기, 단군기, 가락기 등의 우리 문헌과 논형(論衡)이나 위서(魏書)를 비롯한 중원의 문헌에도 우리 민족의 건국 신화가 기록되어 있다.

고조선의 단군 신화는 삼국유사를 비롯하여 제왕운기, 동국이상국집, 신동궁여지승람, 대동운부운곡, 세종실록지리지 등에 수록되어 오늘날에 전해졌다.

그런데 왜 특별히 단군 신화를 수천 년간 한민족의 대표적인 신화로 전하고자 했을까?

고조선으로부터 시작한 우리 민족의 나라가 수천 년간 건국하고, 발전하고, 망하고 또 분열하고, 통일하는 반복되는 민족의 역사 속에서 나라 명칭이 바뀌고 정권이 바뀌어도 심지어 민족의 가장 치욕적인 일제 치하에서도 전하고자 하였고 오늘날까지 교과서에 포함해 후손들에게 특별히 전하고자 하는 내용이 무엇일까?

단지 우리 민족이 최초 건국한 나라의 신화이기 때문일까? 그리고 우리는 제대로 알고 올바르게 전하고 있는 것일까? 거우 이따위 질문으로 학생들을 평가하는 것일까?

학생들은 시험에 민감하다. 그만큼 시험출제 경향에 따라 학생들의 관심이 다르고 배우고자 하는 생각과 관점이 달라진다. 학생들이 배우고 익힌 것이 무엇인지에 따라 우리 민족의 정체성과 앞날이 달라진다.

교육은 정말 알아야 할 내용을 가르치는 것이 목적 아닌가? 학생에 대한 평가는 반드시 알아야 할 부분을 평가하고 알려주는 것으로 족해야 한다. 그리고 평가 결과는 가르침의 내용이나 방법이나 교사의 능력이나 성과를 평가하고 더 낳은 교육 방법을 찾기 위한 것이 목적이 되어야 한다.

기억력이 엄청 좋다면 모르지만, 수업 시간에 한 번 교육했다고 모두 알 수 있는 사람은 없다.

"내가 수업 시간에 설명했잖니? 그래도 몰라!"

학생들을 성적으로 줄을 세워서 좋아지는 것이 무엇일까? 선발된 일부는 살아남았다고 안도하지만 그렇지 못한 대부분 학생에게 무엇이 남을까? 살아남아야 한다는 절박함으로 배우도록 강요하는 이 방법이 너무 싫다.

살아남는 것이 공부의 목적이 아니라 즐겁게, 평안하게, 하고 싶은 일을 하며 살아가는 방법이 공부의 목적이고 가르치는 목적이 되어야 하지 않을까?

II

단군 신화는?

단군 신화

『삼국유사』 기이편 고조선조

원문

魏書云 乃往二千載有壇君王儉 立都阿斯達 開國號朝鮮 與高同時 古記云 昔有桓因庶子桓雄 數意天下 貪求人世 父知子意 下視三危太伯可以弘益 人間 乃授天符印三箇 遣往理之 雄率徒三千 降於太伯山頂神壇樹下 謂之 神市 是謂桓雄天王也 將風伯雨師雲師 而主穀主命主病主刑主善惡 凡主 人間三百六十餘事 在世理化 時有一熊一虎 同穴而居 常祈于神雄 願化爲 人 時神遺靈艾一炷 蒜二十枚曰 爾輩食之 不見日光百日 便得人形 熊虎得 而食之忌三七日 熊得女身 虎不能忌 而不得人身 熊女者無與爲婚 故每於 壇樹下 呪願有孕 雄乃假化而婚之 孕生子 號曰壇君王儉 以唐高卽位五十 年庚寅 都平壤城 始稱朝鮮 又移都於白岳山阿斯達 又名弓忽山 又今彌達 御國一千五百年 周虎王卽位己卯 封箕子於朝鮮 壇君乃移於藏唐京 後還 隱於阿斯達爲山神 壽一千九百八歲.

번역

『위서』라는 책에 쓰여 있기를, "지금으로부터 2천 년 전에 단군왕검이 있었는데, 아사달에 도읍을 세우고 나라를 열었다. 나라 이름은 조선이라 하였다. 때는 중국의 요임금과 같은 때이다."라고 하였다. 또 『고기』에는 다음과 같이 쓰여 있다. "옛날에 환인의 그 서자인 환웅이 있었는데 자주 하늘 아래 세상에 관심을 갖고, 인간 세계를 구원코자 하는 마음이 있었다. 이에 아버지가 아들의 뜻을 알고 아래를 내려다보니 삼위태백산이 가히 인간을 널리 이롭게 할 수 있는 곳이었다. 이에 천부인 3개를 주고 가서 다스리게 하였다. 환웅이 무리 3,000명을 이끌고 태백산정의 신단수 아래로 내려왔다. 그곳을 일러 신시라고 하였다. 이가 환웅천왕이다. 바람신·비신·구름신을 거느리고 이들로 하여금 곡식과 생명과 병과 형벌과 선악 등 무릇 인간의 360여 일들을 주관케 하여, 세상을 다스리고 교화하였다. 그때 곰과 범이 같은 굴에 살면서 항상 환웅에게 사람이 되게 해달라고 빌었으므로 쑥과 마늘을 먹으면서 백일동안 햇빛을 보지 말라고 일렀다. 곰은 이를 지켜 삼칠일 만에 여자가 되었으나 호랑이는 견디지 못하여 사람이 되지 못했다. 사람이 된 웅녀는 혼인해 주는 이가 없어 늘 신단수 아래에 와서 아이 배기를 빌었다. 그러자 환웅이 잠시 사람으로 변해서 혼인하고 아이를 배게 했다. 웅녀가 아들을 낳으므로 단군왕검이라 일렀다. 단군은 평양성에 도읍하고 국호를 조선이라 하였으며 뒤에 도읍을 아사달로 옮겨 1,500년 간 다스렸다. 중국 주나라의 무왕이 기자를 조선에 봉하매 단군은 장단경으로 옮겨갔다가 다시 아사달에 돌아와 산신이 되니 나이가 1,908세였다

특별한 것이 있나?

단군 신화는 환인과 그 아들 환웅, 그리고 단군에 이르기까지의 할아버지와 아버지와 아들에 이르는 삼대에 걸친 집안의 이야기로 다음과 같이 크게 6가지 이야기 토막[1]으로 구성되어있다.

> 환웅이 환인의 도움과 허락을 얻어서 하늘에서 태백산에 내려오는 것.
> 신단수 아래 신시를 베풀고는 스스로 환웅천왕이라 칭하면서 인간 세상을 다스리게 된 일.
> 곰과 호랑이가 사람 되기를 원하였다가 곰만 사람 여자로 변한 것.
> 웅녀가 사람의 몸으로 현신한 환웅과 혼인한 것.
> 그 부부가 낳은 아기를 단군왕검이라 하고 평양에 도읍을 정한 뒤 나라 이름을 조선이라고 한 것.
> 그가 1,908세의 수를 누린 끝에 아사달 산에 숨어 산신이 된 것.

첫 번째 토막은 환인과 환웅이 살던 하늘나라 이야기로 하늘나라의 신비함을 알려주는 내용은 없고 아버지가 아들의 소원을 들어주는

---

1) 한국민족문화대백과사전 인용

평범한 과정만 있을 뿐이다.

두 번째부터 네 번째 토막까지는 하늘나라 사람. 즉, 신들이 아래 세상에 내려와 세상과 인간을 다스리면서 곰과 호랑이들 등장시켜 사람을 만들고 신이 사람으로 변해서 사람과 혼인해서 아들을 낳았다는 이야기이다.

다섯과 여섯 번째 토막은 신과 인간의 자손인 반신반인의 단군이 나라를 세우고 인간을 위해 살다 이 땅의 산신이 되었다는 이야기이다.

다소 황당한 이야기를 근거로 "우리 민족은 하늘나라의 후손이니 홍익인간을 추구하는 하늘나라 후손답게 자부심을 가지라"고 한다.

새삼 특별한 것이라고는

첫 번째는 보통 신화는 천국의 신비한 모습과 신들의 불가사의한 능력을 설명하는데 특별한 묘사가 없다는 것.

두 번째는 주인공 중심의 영웅담을 담은 한 세대의 신화가 아니라 다른 신화에 없는 삼대에 걸친 신에 대한 근거를 제시해 권위를 정당화한 점.

세 번째는 각 신별로 천국의 모습을 땅에서 보여주고, 땅을 천국으로, 인간을 사람으로 만들어 가는 진행형의 신화라는 점.

네 번째는 신의 능력이 아니라 곰과 호랑이 능력으로 사람이 되게 하는 점.

다섯 번째는 신이 사람으로 변해서 사람과 혼인하고 아이를 낳아 천국으로 가지 않고 이 세상에 신으로 남는 것으로 신화의 상식에서는 이해가 되지 않는다.

하긴, 신화라는 것이 모든 사람이 다 이해가 된다면 신화가 아니라 소설이 돼야겠지?

역사일까? 신화일까?

우리 민족의 서사시 단군 신화를 다시 되새겨 볼 필요가 있다. 단군의 신화를 허구적인 신화로 학계에서 역사적으로 증명되는 사실만 (구석기, 신석기, 청동기 등 시대적 구분, 수렵사회에서 농경사회 등의 사회적 구분, 곰을 숭배하는 샤머니즘, 종교적 무속통치에서 정치적 국가에 의한 왕권통치로의 변화 등) 교육하고 평가할 것만 아니라 우리 조상이 전하고자 하는 우리 한민족의 정신적 가치적인 측면에서 살펴볼 필요가 있다고 생각한다.

독자 대부분이 삼국유사 내용으로 단군 신화를 알고 있어 공감하기 쉽게 삼국유사의 번역문을 기준으로 서술했다.

단군 신화는 이렇게 시작하고 있다.

> 『위서』라는 책에 쓰어 있기를, "지금으로부터 2천 년 전에 단군왕검이 있었는데, 아사달에 도읍을 세우고 나라를 열었다. 나라 이름은 조선이라 하였다. 때는 중국의 요임금과 같은 때이다."라고 하였다.

『위서』라는 책은 우리 민족이 아닌 중원의 진나라 사람인 진수가

AD 280~289년 사이에 편찬한 삼국지 위서 동이전 중 제30권인 『오환선비동이열전』에 동이 부분으로 가장 오래된 같은 시대의 동이 사료로서 역사적 가치가 높은 사료임을 고려할 때 역사서로 고조선은 위서 작성 기준 2000년 전으로 BC 2333년에 건국된 나라이다.

따라서 단군 신화는 신화가 아니고 역사다.

우리 민족의 기록은 의심스럽고 이민족의 기록에는 있으니 고조선을 인정하겠다는 일연의 느낌인 것 같아서 기분이 씁쓸하고 좋지 않다.

왜 신화로 했을까?

신들은 인간이 불가능한 신비로운 능력을 발휘하는 존재를 말한다. 신들 중에 천지를 창조하고 전지전능한 능력과 상과 벌로서 공의를 수호하며 구원이나 영생, 윤회 등을 약속한 것들은 종교화가 되었다.

신화의 공통적인 것들은 신들이 사는 천국은 신별로 특별한 능력과 역할이 있고 천국과 세상의 어떤 혼란을 바로잡는 이야기로 전개되고, 대부분 주인공 신이 중심이 되는 한 세대의 이야기로 전하고 있다.

서양 신화는 그리스·로마 신화처럼 제우스를 중심으로 페륜에 의해 신들 간의 투쟁이나 모험담이나 영웅담으로, 북유럽신화는 신들이 운명을 극복하려 하지만 극복하지 못하고 종말적인 운명론적 신화로, 인도 신화는 베다와 힌두 신화를 중심으로 많은 신을 등장시켜 종교화 되었고, 이집트 신화는 '라'를 중심으로 사후세계에 중심을 두었다.

반면 동양 신화는 신의 권위를 이용해 국가 정통성을 부여하거나 윤리적, 도덕적 가치를 기준으로 상과 벌을 주는 교훈적 신화가 많다.

그러나 민족적 건국 신화를 가진 나라는 세계에서 이스라엘은 성경으로, 우리는 단군 신화로 두 개 국가만 전한다. 공통점은 신으로부터 선택받은 민족이라는 것이고 차이점은 신과 인간의 관계에서 이스라엘은 죄인이라는 의식에서 출발한다면 우리는 신의 후손이라는 의식으로부터 출발한다.

지금은 단군 신화를 신이 세상에 내려와 곰을 사람으로 만들고 자식을 낳아 자식이 독립하여 고조선이라는 나라를 세워 우리 민족의 조상이 되었다, 그래서 '우리는 하늘의 후손이다'라는 줄거리로 남아 있다.

하지만 나는 단군 신화는 이 세상을 이롭게 하고 인간을 구원하려는 할아버지 환인과 아버지 환웅과 아들인 단군이 한 일들을 요약해서 신화로 전달함으로써 후세가 환인과 환웅과 단군을 본받아 "사람이 세상을 이롭게 하고 인간을 구원하기 위해서는 이렇게 살아 이 땅에도 천국을 만들어야 한다"를 단군 신화 속에 남긴 민족의 정신 교본이라고 생각한다.

신화는 재미있는 이야기로 어릴 때부터 할아버지나 할머니를 통해 편한 상태에게 듣는 자장가 같은 이야기이다. 누구나 쉽게 전하고 기억하기가 쉽다. 말하는 사람은 쉽게, 듣는 사람은 흥미롭게, 궁금증을 유발하면서 풍부한 상상력을 키우는 방법으로 내용을 전달한다. 부담 없이 지혜를 전하고 공감할 수 있다면 가장 훌륭한 교육 방법이 될 수 있을 것이다.

"에이~"

"설마"

"왜?"

"어떻게?"

"정말?"

"다음은?"

"그래서~?"

"그래서 이러구 저러구 했단다"

"아하~ 그래? 그런 뜻이야?"라는 이야기라면 말이다.

이제 신화의 비밀을 탐험해 보자.

최초 세상은 어떤 모습일까?

(삼국유사에 없는 이야기)

일반적으로 우주의 창조는 "빅뱅 우주론[2]에 의하면 대폭발이 일어나 우주가 팽창하고 있으며, (중략) 물질과 에너지가 모인 한 점에서 대폭발이 일어나 우주가 시작되었다는 이론을 기초로 우주 존재의 가장 초기 단계는 138억 년 전에 발생한 것으로 추정하고 있다"는 것이 학계의 이론이다.

고대인들이 본 최초 세상은 어떤 모습일까?
세상을 처음 본 누군가가 입에서 입으로 전했겠지?

성경에는 "태초에 하나님이 천지를 창조 하시니라. 땅이 혼돈하며 공허하며 흑암이 깊음 위에 있고 하나님의 영은 수면 위에 운행 하시니라"로 시작한다.

---

2) 위키백과, 우리모두 백과 요약

하지만 우리 민족 기록 삼신제오본기[3]에는 다음과 같이 기록되어 있다.

"대시(大始, 太始, 우주가 형성되던 최초의 시간)**에 상하사방** (上下四方, 육합六合, 위, 아래, 동서남북을 합친 우주의 공간)**에는 아직 암흑이 보이지 않았고, 옛날부터 지금까지 오직 '한 광명**(一光明, 한 빛)**'이 있었다"**

암흑은 없었고 오직 한 빛만 있었다고 한다.

누구는 세상 시작이 땅이 혼돈하고 공허하고 흑암이 깊다고 하고, 누구는 밝은 빛만 옛날부터 있었다고 한다.

세상을 처음 본 사람이 처한 상황에 따라 다를 수 있지 않을까?
힘들고 괴로우면 어두울 수도 있고,
평화롭고 안락하면 밝을 수도 있다.

우리 조상들은 평안하셨나 보다.

---

3) 태백일사 삼신제오본기

III
천국, 신들의 이야기

하늘나라 천국? 어때?

하늘나라(천국)는 있을까? 아니면 없을까? 종교에서는 하늘나라를 천국, 천당, 극락 등등 다양하게 표현하고 생명의 영원함이나 구원이나 윤회 등을 설명하고 있다. 그리고 신은 "하나다" 또는 "여럿이다"라고도 한다. 온 세상을 운영하는 자를 신, 하늘에서 신과 함께 사는 사람을 천사라고 한다. 신은 전지전능하고 무소불위의 권능을 가지고 공의와 진리를 원리로 만물을 통치한다.

그런데 왜 세상이 이 모양이 되도록 신은 보고만 있을까? 신은 도대체 뭘 하는 걸까? 하늘나라는 어떨까? 어떻게 하면 갈 수 있지? 신은 어떤 사람을 원할까? 나도 그런 사람이 될 수 있을까? 하늘나라에 가면 뭐가 좋기에 죽어서라도 가고 싶을까? 꼭 죽어야만 하늘나라를 갈 수 있는 걸까?

신은 뭐든지 할 수 있으니까 내가 바라는 바를 다 들어 줄 수 있겠지? 어떻게 부탁해? 만약 하늘나라에 간다면 내 소원이 모두 이루어진 걸까? 지금 이 땅에서 소원을 들어 달라고 하면 안 될까? 소원을 이룬

다음은 뭐 할까? 그리고 또 그다음에는?

기록으로 전해지는 하늘나라의 모습을 살펴보자.

옛날에 환인의 서자인 환웅이 있었는데 자주 하늘 아래 세상에 관심을 가지고, 인간 세계를 구원하고자 하는 마음이 있었다. 이에 아버지가 아들의 뜻을 알고 아래를 내려다보니 삼위 태백산이 가히 인간을 널리 이롭게 할 수 있는 곳이었다. 이에 천부인 3개를 주고 가서 다스리게 하였다.

환인과 환웅의 관계는?

옛날에 환인의 서자인 환웅이 있었는데

"환인[1]"의 말뜻은 한님, 또는 하늘님이다. '환하다[光明]'에 의미로 환인 - 한님 - 햇님은 자연현상에서는 태양이며, 동시에 왕이며 또 신을 뜻한다"

어라? 우리 민족도 하늘과 태양을 신으로 모셨다. 이집트의 신 '라'

---

1) 桓'은 '한'의 전음(轉音)이고, '因'은 '임(님)'이다. 한은 고대음에 있어 신의 이름, 사람의 칭호, 족의 칭호, 위호(位號), 나라이름, 땅이름, 산이름 등에 사용 되어지고 · 최고 · 진리 · 완전 · 광명(태양)의 뜻을 가지고 있다. 그리고 임(님)은 가장 구원(久遠)의 존재, 지고의 존재, 숭배의 대상을 나타내는 우리말이다. 그러므로 환인의 말뜻은 한님 또는 하늘님이다. 특히, '환하다[光明]'에 의미를 많이 둘 경우, 환인-한님-햇님은 자연현상에서는 태양이며, 동시에 왕이며 또 신을 뜻한다. (한국민족문화대백과사전)

도 태양이고, 아메리카 인디오들도 태양신을 모셨다. 그 외에도 고대 문명 중에는 하늘과 태양을 숭배하는 문명이 대단히 많다.

서자(庶子)는 첩에게서 낳은 아들이라는 조선시대의 변형된 의미가 아니라 본래는 여러(庶: 여러 서) 아들을 의미한다. 그러면 환인의 아들은 여럿이라는 말이다. 장자가 아닌 여러 아들 중에 환웅이라는 아들을 의미한다. 환웅(桓雄)의 환은 환한 빛의 의미이며 웅(雄)은 '수컷, 뛰어나다, 우수하다'는 뜻도 있지만 '스승'이라는 의미도 가진다. 절에 가면 대웅전이 절 가운데 있다. 불교에서 대웅전(大雄殿)은 큰 스승을 모시는 전을 말한다. 즉, 환웅은 밝은 뜻을 가진 스승이라는 의미다.

어라? 아버지도 있고 아들도 있고, 하늘에 신이 많네, 그런데 천국을 이 땅에는 없는 특별하고 신비로운 모습이나, 줄거리도 신의 신비한 능력이나 영웅담도 없고 부자간 평안한 관계와 질서가 있는 평화로운 모습이다.

질서는 순서를 바꿀 수 없다.
아버지 다음에 아들 순서와 봄, 여름, 가을, 겨울의 순서는 바꿀 수 없다. 이 질서는 지켜지는 것이지 아들 환웅이 신이라고 해서 내 마음대로 모든 것을 내가 원할 때 할 수 있다는 것이 아니라는 이야기다.

순서는 바꿀 수 있는 것도 있다.

순서는 바꾸어도 서로 공감한다면 조화를 이루어 평안할 수 있지만, 순서 바꾸는 것을 누구 하나라도 인정하지 않는다면 불만이 생기고. 불만은 평안을 깨트리고 다툼을 만든다.

공감은 같은 목적과 의견과 행동을 하기를 원하는 마음의 감정이다. 여럿이지만 하나의 마음과 감정이 되노록 하는 깃이고 관계를 편하게 한다. 관계가 좋으면 평안하고, 관계가 불편하면 불안하다. 신과 신, 그리고 사람과 신의 관계도 같다. 서로 인정과 공감이 평안을 만드는 것 같다.

천국은 질서로 유지되지, 순서로 유지되지 않는다.

꽃샘추위 며칠은 견디지만 봄 다음에 겨울이 오는 것은 견딜 수 없다. 천국의 평안은 신들 간의 관계가 질서에 기초하듯 사람 간의 관계에서도 질서를 기초로 서로를 인정하고 공감한다면 천국의 평안을 누릴 수 있다고 생각이 든다.

혼자 마음껏 누리고 마음대로 할 수 있는 천국은
이 세상에도, 저 세상에도 없는가 보다.
천국은 그냥 평안한 곳,
그대로 질서와 관계가 지켜지는 최고인 곳이다.

신들의 욕심은?

자주 하늘 아래 세상에 관심을 가지고

"자주"는 반복의 주기가 짧은 것을 말한다. 관계가 있는 사람 간에 자주 볼수록 깊고, 넓고, 상세히 알 수 있다. 서로를 알고 마음과 생각을 맞추어가는 기회를 가질 수 있다. 마음이 있어도 행동해야만 관심이지 말로만, 생각만 한다고 해서 관심이 되는 것이 아니다.

환웅은 최고의 신인 아버지 환인이 하는 일을 자주 보고 본받았겠지. 아버지 관심이 아들과 아래 세상을 향해 관심을 두었기에 아들 환웅도 보고 배워 지금 있는 천국을 더 좋은 천국을 만들고자 하지 않고 아버지가 보고 있는 천국보다 못한 아래 세상에 관심을 둔 것 같다.

아버지 환인이 아들 환웅을 자주 보지 않았다면 아들이 어디에 관심을 두고 있는지 몰랐을 것이다. 아들 환웅 역시 아버지 환인이 하는 일을 자주 보지 않았다면 아버지 관심이 무엇인지 몰랐을 것이다. 부자가 서로 자주 보고 뭘 하는지 알게 된 것이다.

아버지와 아들이 자주 보고 서로의 마음을 알고자 하는 것이 친(親)한 것이다.

어라~ 신들은 아래로 보네.

신들의 욕심은 관심이구만! 서로 친하고 싶어 하네.

모르면 신이 아니지~

아기가 장난감에 관심을 두고 있다. 손으로 만지고, 입에 넣어보고, 코로 냄새 맡고, 소리 나면 들어보고, 흔들면 잡으려 하고, 던지면 가지러 간다. 장난감의 모든 것을 알고 싶어서 하는 것이다. 관심은 지금까지 내가 알지 못한 것을 알고 싶어서 하는 것이다.

이 세상 만물은 잠시도 쉬지 않고 변하고 있다.

신은 모르는 것이 없는 분이기에 모든 변화를 알기 위해 관심을 가지지 않을 수 없고 신도 알아야 전능한 능력을 펼칠 수 있기 때문이다. 신이 하는 일은 세상과 인간이 변하고 싶은 것을 알고자 하는 것부터 시작했다.

관심이 있어야 관계가 생긴다.

관계는 있었는데 관심이 없다면 그때부터 관계가 끊어진 것이다. 관계가 불안하면 남은 모르겠고 나만 생각하거나 혹시 해코지할까 남을 경계하게 되고 반대로 관계가 평안하면 좋은 관계를 같이 더 누리려

하고 상대가 평안하기를 바란다.

오호라~ 관심은 알고자 하는 마음이네.
관심을 아래에 두고 알면, 남이 편하기를 바라면
내가 신도 되고 천국도 된다!라고 하시는구나.
올려만 보고 살려 했으니 목만 아프고, 그래 볼까?

아래 세상

환웅이 자주 관심을 두는 아래 세상은 천국보다 못한 세상으로 자연과 자연, 자연과 인간, 인간과 인간의 관계가 불안하고 불편해 평안을 누릴 수 없는 세상이다. 힘들고 어려운 세상을 깜깜하고, 앞을 보지 못하고, 두려움과 혼돈이 난무하는 세상으로 표현하기도 한다.

우리 조상은 "최초에 암흑이 없었다"라고 하면서 아래 세상을 벗어날 수 없는 지옥이나 암흑이라 표현하지 않고 질서와 관심과 관계를 바로 맺을 수 있다면 조금씩 천국이 될 수 있는, 가능성이 보이는 세상으로 표현했다.

아래 세상을 절망이 아니라 희망으로 보신 것 같다.

그래. 신은 모든 것을 긍정적으로 보셨구나.

천국은 나보다 못한 사람을 내가 도울 수 있는 세상이고,

내 세상은 남들의 보살핌으로 지금 사는 세상이며,

아래 세상은 내가 이룰 수 없다고 포기한 세상이다.

아래 세상과 내 세상과 위 세상 모두 동시에 공존하고 있는 것 같다. 위로 갈지, 아래로 갈지, 지금 내릴시는 내 손가락이 정한다. 버튼은 내가 누른다.

인간 세계를 구원하고자 하는 마음이 있었다

인간 세계는 불안전한 환경에서 생존의 위협과 인간과 인간 간의 투쟁과 자신에 대한 시기와 욕심, 불안 등에서 벗어나지 못한다.

환웅은 인간 세계를 구원하는 방법을 알고 있지만 아래 세상이 이 방법을 모르니 안타까워하고 있다. 환웅의 마음은 구원해 주고는 싶은데 권한, 능력, 상황, 여건 등으로 지금 당장은 어찌해 줄 수 없는 상태에서 갖게 되는 안타까운 마음이다. 신이 인간을 대하는 이 마음이 측은지심(惻隱之心) 아닐까? 아버지는 아들이 자기보다 아래 세상에 관심을 두고 인간 세계를 구원하려는 마음을 가지고 있는 것을 알고 신으로서 가져야 할 자격을 갖추었음을 알았다.

인간의 문제와, 불안한 관계를 평안한 관계와 상태로 만들기 위해서는 신과 관계를 맺으면 해결할 수 있다는 이야기네.

죽을 것만 같은 불안을 평안으로 바꾸는 것이 구원이다.

스스로는 절대 할 수 없는 것을 구원이라 하고 구원받은 이가 갚을 수도 없는 것이 은혜다. 구원받고자 하는 이는 신의 은총을 바라볼 뿐이고 구원받은 이는 감사할 뿐이다.

신은 은혜 갚기를 바라고 있을까? 갚을 수도 없는데.

우리는 안타까워 도와주고 감사하기를 바라지 않나?

나도 남이 안타까워 보일 때가 있다면

나도 신의 마음을 가지고 있는 거네.

이에 아버지가 아들의 뜻을 알고

아버지가 아들의 마음을 먼저 알았다.

낮은 사람에게 관심을 두고 돕고자 하는 마음이 신의 역할의 시작이다. 아들에게 관심을 가지고 아들을 무시하지 않고 존중하여 귀를 기울여 들었기에 가능하다. 아랫사람이라고, 필요 없다고, 하찮다고, 부족하다고, 무시하고 알고자 하지 않는다면 신이 될 수 없다는 말이다. 원하는 것이 뭔지 모르는데, 들어 줄 소원을 모르니 신이 될 수가 없다. 그래서 신과 인간 간에 관계와 역할은 인간은 바람에서 역할이 시작되고, 신은 인간의 바람을 들어주면서 역할이 시작된다.

아하~

질서와 순리는 윗사람이 먼저 아랫사람을, 평안한 사람이 불안한 사람을 먼저 알고자 하고, 자주 관심을 가져야 서로를 바르게 알 수 있는 관계가 될 수 있는 거네.

늘 부족한 사람에게 관심을 두고 들어 주는 마음이 있다면 나도 신이 될 수 있겠구먼.

나는 진정 가족과 친구를 알고 있다고 자신할 수 있을까?

그리고 나를 알고 있는 사람은 누구일까?

어이구~ 그러고 보니 가족과 친구나 뭐~ 아는 게 없어요.

다음과 같은 생각을 하고 있다면 생각해 보자.

- 나를 감추는 것이 좋다.
- 남들이 나를 아는 만큼 내가 불편하다고 여긴다.
- 혹시나 해코지할까 봐 걱정된다.
- 그래서 남에게 묻지도 않고 속내도 잘 안 털어놓는다.
- 내 소개를 하는 것이 서툴고 부담이 된다.

개인정보는 악용되지 않도록 보호하는 것이 맞다. 그렇다고 꿈까지, 하고 싶은 것까지, 힘든 것까지 감추고 싶다면 신도 없고, 평안한 관계도 없고, 꿈을 꾸지 않겠다는 뜻이 아닐까? 내 주변에는 적이 신이나 친구보다 더 많다고 생각하는 것이 아닐까? 만약 내 꿈을 알려 주었음에도 내 부족함에 무관심하거나, 나를 이용하려는 사람이라면 오히려 관계를 끊어야 할 대상임을 확실히 알 수 있게 되니 다행이다. 함께 할 수 없는 인간 하나를 식별했기 때문이다. 남들도 발견하겠지?

나를 보여주기를 두려워하지 말았으면 좋겠다.
세상은 친구가 적보다 훨씬 많은 세상이다.
신이나 친구가 되고 싶은 사람들이 많기 때문이다.

면접과 수습 기간은 짧은 시간에 나를 알릴 수 있는 기회다. 그 순간은 면접관은 나를 뽑는 신이다. 경영자는 자기 자본, 시간, 노력 등의 투자 대상을 찾는 순간이다. 서로를 잘 알려줄 수 있으면 얼마나 좋을까? 내가 함께할 사람을 뽑는다면 지금 잘하고 발전성도 있다면 최고이고, 지금은 잘할 것 같지만 발전 가능성이 적다면 단기용으로 뽑고, 지금은 조금 미흡해도 질 가르치면 더 잘할 수 있는 사람은 장기용으로 선택하고, 지금 나보다 훨씬 더 잘한다면 경쟁자? 생각해 볼 일이다. 뽑는 자나 응시자도 꿈을 꾸는 순간이다.

기도는 부탁하는 사람이 하는 말이다.

하고 싶은 일을 바라는 것이다. 부탁받는 사람이 듣지 않거나 못 듣는다면 혼자의 넋두리가 될 뿐이다. 그래서 부탁은 들어주는 이가 알아들을 수 있도록 내가 무엇이 부족한지를 말해야 한다. 들어주는 사람이 신이 아니기에 내 부족함을 알 수가 없다. 가능한 한 거짓 없이, 상세하게, 구체적으로, 알리는 것을 창피하다거나 자존심 상해할 것이 아니다. 듣는 누군가가 나의 신이 되어 주리라 생각히면 되지 않을까?

자기소개 연습은 내가 꾸는 꿈을 알려주는 과정이다. 내가 말하지 않았는데 윗사람도, 옆 사람도, 모르는 것이 당연하다. 모르면 알도록 알려주면 되지 뭐~

나도 내 신을 많이 만들어 보자고! 손해 볼 것 없잖아.

아래를 내려다보니 삼위 태백산이
가히 인간을 널리 이롭게 할 수 있는 곳이었다

이번에도 아버지가 아들이 가고자 하는 곳으로 눈을 돌린다.
바라보는 방향을 맞추어 준 것이다. 아들의 꿈을 어떻게 하면 이룰 수 있도록 해 줄까? 아들의 꿈을 아버지가 함께 꿈꾸기 시작한다. 바라보는 관점을 자식의 꿈, 미래로 맞추었다. 자식의 꿈을 아버지가 함께 꾸기 위해 눈을 맞추기 시작한다.

그리고 자식이 할 수 있는 환경부터 찾았다.
아들이 하고자 하는 바를 이룰 수 있는 세 곳(태백일사: 금악, 삼위, 태백) 중에서 최고의 장소 '태백산'을 찾아 주었다. 아들이 가고 싶고, 하고 싶은 곳을 만들어 주지 않고 스스로 능력으로 할 수 있고, 능력을 펼칠 수 있는 환경을 찾았다.
그래, 자식이 잘되기를 바란다고 뜻대로 되던가?
그럼 세상에 못난 사람 없게. 도와주는 사람이 같이 있을 때는 어찌 되겠지만 능력 없는 자식 혼자 있으면 서지도 못한다. 내가 고생하지 않으려면, 자식이 잘되기 위해서는 자식의 능력을 키워야 한다. 능력을 키우도록 환경을 만들어 주는 것이 신과 부모의 관점인 것 같다.

환웅도 아버지에게 "이곳으로 해 주세요" 하고 원하지 않았다.
주시는 분은 나보다 경험과 방법과 능력도 좋기 때문이다. '도와달라' 할 때는 원하는 시간, 장소, 방법, 수단 등을 내가 정하지 말자. 내가 하기 싫고, 어렵다고, 귀찮다고 한다면 나의 게으름이다. 내가 정한 대로 '해달라' 한다면 부탁이 아니라 강요다. 강요하거나 강요받기 싫으면 내가 하면 되지 않는가?

미련곰탱이가 사람이 되네

"금 나와라! 뚝딱!"은 도깨비 일이고, "나비가 되어라!"는 마법사 일이고, 있던 것을 훅! 하고 사라지게 하는 것은 마술사 일이다. 신과 부모를 도깨비나 마법사나 마술사로 만들지 말자. 나도 자식들이 해달라는 대로 다 들어주는 종이 되지는 말자.

어라? 어떡하나~
그리고 보니 막상 아이들이 뭘 하고 싶은지 아는 게 없네~
안 그래도 자식들은 잔소리만 한다는데
일단 먼저 아이들과 꿈을 꿀 잠자리부터 찾아보자.
그러려면 이불은 내가 깔아야겠지?

이에 천부인 3개를 주고

천부인 3개는 "하늘나라 사람"임을 증명하는 3개의 증표이다. 요즘 말로 하면 여권이나 주민등록증이나 가족관계 기록부 같은 것일 거다. 혹자는 거울이나 방울이나 북이나 검과 같은 도구들을 말하는데 삼국유사 번역본의 주석(250번)에서도 '신의 위력과 영험한 힘의 표상으로 인간 세상을 다스리는 물건이나 실제 어떤 물건이었는지 확실하지 않다'라고 하였다.

이는 아들이 아래 세상에서 하늘나라 사람으로 인정받지 못할 경우를 대비해서 하늘나라 사람이라는 증표로 천부인을 준 목적도 있고 아들이 힘들고 포기하고 싶을 때 신의 아들로 자부심과 긍지를 가지고 힘을 낼 수 있는 증표이기도 하다. 신들도 세상에서 세 번이나 아래 세상 사람으로 의심을 받거나, 노력한 것에 비해 성과에 실망하거나, 하는 일을 포기할 수도 있다는 말이다.

증표는 의심받고, 실망하고, 포기하고 싶을 때를 대비해 너는 신이고, 너는 내 아들이며, 내가 너와 함께하니 실망하거나 포기하지 말고 하고자 하는 꿈을 이루라는 아버지의 격려이기도 하다. 자식이 겪을 어려움을 예상하고 꿈을 이룰수 있도록 아버지의 사랑을 걱정과 근심으로 대비책을 준비한 것이다. 아랫사람이 맞이할 다양한 어려움을 걱정하고 극복할 수 있는 대비책으로, 너는 나를 믿어라, 나도 너를 믿고 있다는 무한한 신뢰를 보여 주고. 잘하고 있다고, 잘할 것이라고 미리 격려한다.

환웅은 아버지가 생각하는 사랑과 염려와 격려를 감사히 받았다. 신물이 많다, 적다, 이것이나 저것을 달라고 하지 않았다. 그냥 나를 위해 최선을 다해 주시는 그 마음을 아시기에 감사히 받았을 뿐이다.

그런데 요즘은 부모가 쓸데없이 간섭한다고 한다. 부모의 걱정과 대비와 격려가 필요 없는 걸까? 아니면 부모가 진정성 없는 사랑과 대비와 격려를 형식으로 하는 걸까? 나는 자식이 원하는 일을 할 수 있도록 내 권한을 주면서 '내 권한이 어찌 되지 않을까?' 하는 걱정이 자식 걱정보다 우선 아니었던가? 자식들이 알지도 못하면서 쓸데없이 간섭한다고 생각할 만하다. 지금부터라도 자식이 하고자 하는 일이 아니라 자식을 먼저 사랑하는 마음으로 염려하고 대비하고 격려하고자 한다면 자식의 신으로 한 발 가까이 가는 것 아닐까?

혼자 다 할 수 있다면, 관계가 없다면 주고받을 필요 없다.
관계가 있고, 혼자 할 수 없다면 감사히 주고받자.
부모 사랑을 독으로 쓸지? 약으로 쓸지?
부모가 사랑을 줄 것인지? 구속을 줄 것인지?
안 주면 말고, 선택은 내가 하는 것이다.

가서 다스리게 하였다

환인이 자기의 영역인 아래 세상을 아들에게 "네가 해 보라" 하였다. 나의 것을 아랫사람이 능력을 펼칠 수 있도록 기회와 권한을 주었다. 아들 환웅이 아버지의 뜻을 계승하고 발전시키도록 한 것이다.

이 명령은 아들의 꿈이 아버지의 꿈이 되는 순간이다.
이 순간 그 꿈은 아버지와 아들이 함께 꾸는 꿈이 된다.

하고 싶어서 하는 것을 하게 하는 것이 천국의 영역을 넓히는 방법
이고 앞으로 천국을 유지하는 방법이었다.

나를 믿고 기회를 주고 밀어주는
그 사람이 최고의 신이 아닐까?
내 권한을 남에게 위임해 본 적이 있었나?
남에게 기회를 주었던 적이 있었나?
겁나서 못한 것 같다.
기회가 되면 줄 때는 확실하게 주어 보자고~

모든 것을 주고 난 다음에 환인은 등장하지 않는다.
그냥 지켜볼 뿐이다.
나를 믿고 끝까지 기다려 주는 분이 신이시다.

환인이 환웅에게 한 명령은?

(삼국유사에 기록되지 않은 이야기)

신의 명령

태백일사에는 환인이 환웅에게 아래 세상에 가서 해야 할 일을 명령[2]한 내용이 나온다.

> "그대는 노고를 아끼지 말고 무리의 사람들을 거느리고 몸소 스스로 아래 세상에 내려가, 하늘을 열고 가르침을 베풀고 천신에 대한 제사를 주관하라. 이로써 아버지의 권위를 세우라. 노인은 부축하고 어린아이는 이끌고 평화로 귀일하여, 이로써 스승의 도를 세우라. 이치대로 되어가는 세상을 만들어 자손 만세의 홍범(모범이 되는 큰 규범)이 되게 하라' 하셨다. 이에 천부인 세 개를 주며 보내어 가서 그들을 다스리게 하였다"

---

2) 태백일사 신시본기 6

명령의 전제 조건은 모두 아들, 네가 직접 하라고 하셨다. 다른 사람에게 전하거나 대신할 수 있는 일이면 명령할 필요가 없다. 무리의 사람들과 함께 네가 하늘 문을 열고 아래 세상을 찾아가라! 네가 가고 싶어서 했으니 네 발로 집 나가라는 거네. 아~싸~!

그런데 무리 사람들과 함께 가라고 하니 준비할 게 많겠다. 신이 먼저 보따리 싸서 아래 세상으로 내려가라 하신다.

첫 번째 명령은 '아버지 권위를 세우라'는 것이네.

인간은 가르칠수록 더 많이 배우고 싶어 할 것이고 환웅인 나도 나를 가르치신 아버지 환인에게 존경과 경외심을 가지고 감사함을 잊지 않고 제사 의식으로 하고 있으니 인간 너희들도 최초 가르침을 주신 하늘의 신에게 감사하는 마음을 잊지 말고 하라는 것이다. 감사는 권위를 세워 주는 방법이다.

아하~ 제사는 하늘의 가르침에 감사하다고 인사하는 거네. 권위를 세우려면 내가 목에 힘을 주는 것이 아니라 목마르게 가르치라는 것이구나. 무엇에 목마른지를 알고 가르쳐 줄 수 있는 능력이 있어야지, 직책 높다고, 돈 좀 있다고, 힘 좀 쓴다고 권위 있는 사람이 아니잖아. 필요한 소소한 것이라도 이루도록 알려주는 사람이 권위 있다는 거네. 권위는 배운 인간들이 세워주는 것이지 내가 잘났다고 백날 떠들어 봐라. 세워주기는커녕 돌아서서 웃는다.

요즘 아버지 권위는 어떨까?

장가간 아들 녀석이 결혼하고 자식 낳고 기르다 보니 아버지에 대한 생각이 많아져서 느닷없이 전화했다.

아들: 아버지! 저 아들이에요?

아버지: 응 아들!. 엄마 바꿔 줄게.

아들: 아니요. 아버지에게 드릴 말씀이 있어서요.

아버지: 왜? 돈 떨어졌냐?

아들: 아니, 그게 아니고요. 아버지!

아버지: 술 먹었냐? 얼른 자라. 마누라 속 썩이지 말고.

웃자고 하는 이야기지만 아버지도 자식들도 슬픈 현실이다. 권위를 세울 줄도, 받을 줄도, 모르는 세상이다.

두 번째 명령은 '스승의 도를 세우라'는 것이다.

배우고 싶다고, 목마르다고 해도 스승은 해야 할 것과 하지 말아야 할 것을 구분하여 실천하게 하는 분이다.

세상과 인간을 해롭게 하는 것이라면 못 하게 막으며 가르치는 것이고, 이롭게 하는 것이라면 직접 보여주며 가르치는 것이 스승의 길이다. 어느 것이 더 중요한가는 당해 보고 그 값을 치러 보아서 아는 것이고 그 값을 알기에 알려 주시는 분이다.

가르치고 배우는 목적이 서로 죽을 때까지 평안한 삶을 살기 살자고 하는 것이구면. 스승은 모두의 평안을 추구하고, 지식이 아니라 지혜로 모두 함께 부축하고 이끄는 동행하는 분이시네. 그러니까 지금 우리를 서로가 도와주고, 도움받는 방법을 이렇게 저렇게 알려주어 평안으로 이끄는 분이구나. 결국, 스승은 내가 강할 때나 능력 있을 때 약한 사람을 도와주고 내가 능력이 부족하거나 약할 때 도움을 받아 모두 죽을 때까지 평안한 삶을 살 수 있도록 때에 맞추어 가르쳐 주는 분이 스승이네.

스승과 선생과 교사의 차이가 있다면 뭘까?
그리고 뒤에 붙일 '님' 자를 붙일 분이 얼마나 될까?
없는 것 같은데… 어? 아니다.
함께 가는 세 명 중에는 한 명은 스승이라 했는데.
내 눈이 나빠서, 색안경을 끼어서, 이어폰을 끼어서
알아보지도 듣지도 못하는 것이 아닐까?
가르치는 목적은 너 평안하라고 하는 것이지,
내가 평안하고자 하는 것이 아니란 말이다.
야! 안경 벗어! 이어폰 빼! 핸드폰 잠깐 끄라니까!

세 번째 명령은 '모범이 되는 큰 규범이 되게 하라는 것이다.
가르쳐 이치대로 되는 세상을 만들고 그 세상이 계속되게 규범을 만들라. 바꾸어 말하면 나나 너 없더라도 인간들끼리 잘할 수 있도록 해라. 잘 가르쳐 놓으면 너도 편하고 나도 편하다는 뜻이 아닌가?

인간은 어리석으니 자기가 편하기 위해 배움에 목말라하는 것이 당연하고 모른다는 것, 안다고 하더라도 능력이 없다면 어린 것이다. 배워야 하고 도움받아야 하는 것은 당연하고, 자연스러운 것이다. 어린 내가 배워 서로를 이롭게 하는 조화(造化)를 이루는 나로 변해간다면 남도 같이 변하는 것이 이치대로 되어가는 세상이다. 어린이에서 어른(이룬이)으로 성장하는 방법을 몸으로 보여주고 가르쳐 체험하게 하여 천국을 만드는 방법을 후손에게 전해지게 하라 하셨다.

그런데 가르치는 것도 전공과 등급이 있고, 그냥 내가 아는 데로 가르치려면 전공이나 자격이 없다 하고, 간섭이라고 하고 무시도 한다. 지금은 돈을 벌려고 가르치는 사람이 많다. 이들이 전공과 등급을 정한다. 그리고 재미있다면 돈 내고 배우겠다는 인간도 많다. 인기 있고, 재미있는 것은 한때이지만 그래도 좋다면 배워 두는 것도 좋다. 나중에 행복한 추억과 경험이 될 수 있으니 말이다.

그러나 꼭 배워야 할 것은 사는 동안은 조화의 이치가 천국이라고 말씀하신다. 신은 조화의 이치가 천국을 만든다고 가르치려고 안달이 났는데 재미없다고, 이익이 없다 하고, 안 배워도 아쉬울 것이 없다고,

알아서 손해 본다고 배우려는 인간이 적다. 배우라 하면 간섭한다고 한다.

전공과 자격증이 없으면 어떠냐, 너희들끼리 후손에게 조화의 진리를 전하면, 새롭게 변화가 계속되어 간다면, 이치대로 되는 세상, 천국이 계속될 수 있다고 하는 데도 말이다.

조화는 사라지고, 새것이 창조되고, 성장하다 사라지는 것이 무한 반복되는 과정이며 진리(眞: 참)이다. 간섭한다고, 안 배우겠다고 하면 진리를 모르는 진리의 반대인 거짓으로 변해가게 되겠지, 그러면 아래 세상은 다시 어두워지게 될 거다. 그래, 어두워지는 것도 진리의 과정 중에 하나다.

천국은 아버지가 아들이 하고 싶은 일을 이루도록 하는 곳이다.
아들이 꿈을 이루기 위해서 해야 할 일을 순서대로 하나씩 일하는 방법을 차례대로 설명하면서 그 결과로 이루어지는 현상 알려주었다. 그리고 증표와 권한을 주었다.

잉? 그리고 보니 우리가 말하는 순서가 다르다.

군대의 명령은 상황, 임무, 실시, 전투근무지원, 지휘 및 통신 등등 이렇게 명령을 한다. 상황이 이러하니 우리는 이렇게 하자 너는 이렇게, 쟤는 이렇게, 나는 이렇게 하자. 우리는 '나는 이거 이렇게 할 거야'라고 먼저 생각하고 그렇게 하려면 '아버지는 뭐~, 친구는 뭐~, 아는 사람에게는 뭐~를 부탁하고 나는 이렇게 해야지'라고 한다. 아버지와 친구와 아는 사람의 능력과 증표를 받아 이용할 생각부터 한다. 이건 내 욕심을 이루는 순서를 말하는 거다.

이 순서를 말하기 전에 먼저 아버지와 친구와 아는 분들에게 내가 하고 싶은 것과 의도와 능력과 경험을 말해 보자. 그러면 아버지도, 친구도, 아는 사람도 내 꿈을 이루기 위해서 내가 해야 할 일을 순서대로 하나씩 일하는 방법을 차례대로 신들처럼 설명을 해 주실 거다.

내가 신을 만들고, 찾아보자.
가르치는 방법을 배워보자.
한 번에 될까? 실패와 좌절은 당연하다.
실패와 실수를 많이 해 보면 가르치기가 쉬워진다.
가르치는 것은 실패와 실수의 경험을 알려주는 것 아닐까?
환인도 아들을 가르치시기 전에 실패를 많이 하셨을 거다.
조화는 실패와 아픈 경험의 기간을 통해서 만들어지네.
천국은 하루아침에 뚝딱 만들어지는 것이 아니구나.

명령이란 무엇인가

태백일사에 명령[3]의 결과에 대해 이렇게 기록되어 있다.

"명령을 정하여 백성들을 지도하시고 많은 사무를 두루 다 스리시니 들에 있어도 곤충과 짐승의 해독이 없었고 무리와 함께 행차하여도 원한이나 반역의 우환이 없었다"

명령은 백성은 지도하기 위해 정한 것이고,
다스리는 것은 백성이 아닌 백성들 사이에 일어난 일이네.
다스리는 일은 자연과 인간이나 서로 원한이나 우한이 없게 해서 천국의 환경이 만들어졌다는 말이구나. 백성들이 명령을 잘 이해했는지?, 명령대로 시행했을 때 문제점은 없는지? 백성들 사이에 새로운 문제 생기지 않는지? 늘 현장을 수시로 확인해 백성들 사이에 일어난 일을 천국의 환경으로 만들었다는 것이 아닌가?

그래~ 환인께서 말씀하신 명령은 안전하고 평안하게 할 목적으로 백성을 가르치는 것으로 끝나는 것이 아니라 그대로 잘 시행되는지를 확인하는 과정이 없는 것은 명령이나 가르침이라 할 수 없다고 하시네.
예수나, 부처나, 공자나, 소크라테스나 여러 성현들이 '나 스스로를

---

3) 태백일사 환국본기 3 역대환인

되돌아 보라' 한 것은 나에게 명령한 사람은 나라고 말하는 것 같다. 내가 안전하고 평안할 목적으로 일한 것이 맞는가?를 되돌아보는 과정까지가 명령이다.

명령을 적용하는 이치는[4] 이렇게 기록되어 있다.

"친소를 구별하지 않으시고 상·하의 차별을 두지 않았으며 남녀가 평등한 권리를 가지고 늙은이와 젊은이가 나누어 역을 담당하므로, 비록 당시에 이 세상에는 법규나 호령이 없어도 스스로 화락과 순리를 이루었다"

첫째는 '명령을 적용할까? 말까?'를 정할 때는 나와 친하거나 친하지 않다는 것은 일시적 관계로 평생이 아닌 일시적인 관계는 명령을 적용할지 말지를 구별하는 기준이 되지 않는다고 하신 것이다.

둘째는 '명령을 적용할 때 신분이 높거나 낮다고 차별하여 적용하지 말라'는 뜻으로 차별은 때에 따라 관계도, 직책도 변하니 사는 동안 한때인 경우로 명령은 차별하지 않는 것이 맞다고 하신 것이다.

셋째 사람의 능력으로는 바꿀 수 없는 신의 범위는 인정하고 마땅히 구별되어야 하며, 신이 준 평등한 권리가 보장되어야 한다고 하신 것이다.

---

4) 태백일사 환국본기 3 역대환인

넷째는 생로병사 과정은 인간의 당연한 현상이니 때와 능력에 따라 할 수 있는 역할을 차별하라, 하신 것이다.

약하니 하지 말고, 강하니 약한 자의 할 일도 다 하라 하지 않으셨다. 명령은 권리와 역할을 구별하고 차별하여 나누는 것으로 삼으시고 모두 함께 담당하게 하셨다.

명령은 명령하는 사람 개인의 기준이 아니고 명령에 적용받는 상대의 기준도 아니고 오로지 신이 구별한 것에 맞게 권리를 보장하고 신이 차별한 것에 맞게 역할을 차별하여 나누어 함께 할 수 있도록 하라는 것이다.

아내고 자식이니 빼자. 그런데 저놈은 시비를 거니 명령대로 해! 내 밑에서 일하다 보면 그럴 수 있어 그러니 10%만 적용하고 그런데 저놈은 아니잖아. 그러니까 100% 적용해! 남자가 여자보다 힘이 든 일을 하니 남자는 140%, 여자는 60% OK?. 나도 하는데 너는 못 한다고? 너도 해! 이렇게 해서는 안 된다는 것이다.

정한 대로 한다면 지금은 조금 힘들지만 언젠가 내가 그 일을 당하거나, 그런 상황이 되었을 때 보호받고 인정받을 수 있다는 믿음이 되어야 한다. 구별과 차별과 권리와 역할을 잘못 적용하면 원한과 우한과 걱정이 생긴다. 명령을 정할 때는 모두의 안전과 평안을 위해 공정하게 하라고 가르치신 것이다.

아하~ 명령. 즉, 가르침이라는 것은 결국 남녀노소 모두에게 살아가는 동안 스스로 지켜야 할 관계와 신분과 권리와 역할의 기준을 말씀하시는 것이구나. 이것을 인간이 이해한다면 인간은 강제적인 다스림이 아니라 스스로 같이 즐겁고 평온함을 찾을 수 있다고 하신다.
명령에 불만을 없게 하는 4가지 방법[5]도 알려주셨다.

"그들의 병을 없애고, 그들의 원통함을 풀어주고, 그들의 부족함을 도와주고, 그들의 약함을 구휼하니, 한 사람도 섭섭해하거나 화가 나서 거스르는 자가 없었다"

병을 없애고, 원통함을 풀어주고, 부족함을 도와주고, 약함을 구호하는 것이라고 하셨다. 명령을 정하고 이행하는 과정에서 나타나는 갈등이나 다툼이나 또 다른 상대적인 약자를 보호하는 예방과 조치가 계속되어야 한다.

흠~ 그렇군. 명령은 시행하다 보면 상대적으로 누구에게는 부당한 지도와 다스림이 되고, 불만이 생기니까 한번 정했다고 고집하지 말고

---

5) 태백일사 환국본기 3 역대환인

계속해서 보고 듣고 바꾸고, 보고 듣고 바꾸고를 하라. 한번 정했으니 '나는 내 할 일 다 했다'하지 말라는 뜻이겠지.

나만 억울하고, 부족하고, 약하다 하지 말자! 보고 듣고 돕는 사람 많다. 그런데 모르는 척하는 사람들이 많다. 관심을 두지 않기 때문이다. 지금 시대에 지도자들의 책임이고, 갖춰야 할 덕목이며 지도자를 뽑을 때 백성의 덕목이고 고려해야 할 의무이기도 하다.

백성이 불만 없게 하려면 모두에게 공정하게 적용할 수 있도록 정하고 가르쳐서 명령대로 살다가 불만이 생기면 말하고, 듣고, 의논하고 보완해 새로운 명령을 정해 살아라. 한번 정한 명령으로 계속 조화를 이룰 수 없다. 세상에는 병과, 원통함과 부족함과 약함도 항상 있기 때문이다.

명령도 생기고 발전하다 새 문제가 생기고 다른 명령으로 바꾸는 것이 신의 섭리라는 것이다. 천국은 조화를 이루는 공평이란 진행형의 명령만 있다. 그런데 요즘은 이걸 모르는 척하는 무관심이 문제다.

나에게 불만을 가진 사람이 있겠지?
나도 불만이 있는 사람이 있겠지?
누굴까?
아마도 가까운 사람일 거다.

내가 지금보다 관심을 더 가져 원한이나 우한이나 걱정에 도움을 줄 수 있다면 신이 될 수 있지 않을까?

하늘나라의 시대를 환국 시대라 한다.

환국 시대는 1대 안파견 환인(BC 7119)~7대 지위리 단인까지 재위 3301년이다.

하늘나라에 대한 내 생각

신은 한얼 천이다

태백일사[6]에 기록된 우리 민족의 창세관을 요약했다.

> "상계(천국)에는 '삼신'이 계셨으니, 바로 '한 분의 상제님'이시
> 다. 주체는 '일신(一神)'이시니, 각기 신이 따로 있는 것이 아니
> 라 하나다.
> 신은 창조와 다스리시며, 어디에서나 보이지 않고 존재하시
> 며, 영광스럽고 복을 주시는 분이시다.
> 밝은 빛으로 모든 일을 다스리고, 내뿜는 기(氣)로서 만물을
> 포용하고, 열(熱)을 발사하여 만물의 종자를 번성케 하고, 신
> 령스러움(神 정신, 혼)으로 세상일을 다스린다"

하나의 빛(光)이었고, 신에 대한 사상은 '삼신일체(三神一體)'의 하느님
사상이며, 삼신은 '우주의 주재자'로서 '하느님(하늘+임금, 하늘+님)'이라 불

---

6) 태백일사 삼신오제본기 1 (하나님과 삼신의 정의 요약)

렀으며 한자의 천(天)은 '한+얼(정신)~l천l = 밝은 정신'을 천이라 한다.

하늘을 머리에 이고 땅을 가슴에 품은 사람을 형상화한 글자이다. 그렇다면 천국은 얼(정신)이 밝은 사람들의 나라를 뜻한다고 할 수 있다.

창조와 조화의 원리에 따라 삼신이 되었다.

세상 만물은 빛(光)에 의해 기(氣)와 열(熱)의 상호작용의 결과로 하늘과 땅과 사람을 번성하게 하며 상호작용의 신령스러움으로 세상을 다스린다는 논리로 신을 정의한 놀라운 과학적인 사상이 아닌가?

신은 한 분이시며 창조하고 다스리시며, 어디에서나 보이지 않으나 존재하시며, 영광스럽고 복을 주시는 분을 우리 민족은 신으로 모셨다.

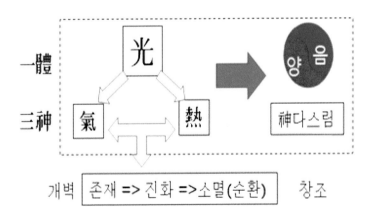

신은 자기를 위해 일하려 하지 않았다

환인은 천국의 최고의 신으로 모든 것을 알고 모든 것은 할 수 있는 신이지만 환인이나 환웅은 자기가 영광 받는 것에 관심이 없다. 지금에 만족하고 그저 천국이 아닌 곳을 천국으로 만들려 했을 뿐이다. 천국보다 위로 가야 할 곳도, 더 가져야 할 욕심도 없다. 욕심이 있다면 그냥 감사하고 좋은 것을 주고자 할 뿐이다. 관심은 오직 아래 세상을 천국으로 만드는 데 맞추어져 있다.

그러나 우리는 같은 것을 보면서도 각자 생각이 다른 경우가 많다. 왜일까?

신은 주기만 했다

가지고 있는 능력으로 남을 도울 수 있다면 신이다.
능력은 있으면서 가지고만 있거나, 남을 이롭게 하는 곳에 사용하지 않거나, 남을 해롭게 한다면 신이 아니다.

내가 어려울 때 도와주는 사람이 신과 같은 존재다.
하고 싶은 것을 할 수 있게 하는 분이 신이다.
제대로 주지도 않으면서 갑질하는 놈이 가장 밉다.

가지고만 있는 놈은 가장 불쌍하다. 얼마나 무거울까?

나중에 자식끼리 싸우게 만드는 바보~

모두 가고 싶은 천국

조상들이 말하는 하늘나라는 조화의 이치에 대한 가르침만 있고 악에 대한 심판도, 천국과 지옥의 비교도 없다.

우리의 조상들의 신은 숭배받고자 하거나, 자랑하거나, 심판하거나, 지배하거나, 평안과 만족에 안주하는 신이 아니다.

그리고 인간이 신을 위해 특별히 무엇을 해야만 한다거나, 해서는 안 된다고 하는 제약이나, 상과 벌에 조건도 없다.

천국은 걱정 없이 하고 싶은 일을 꿈꾸게 하는 곳이다.

하고 싶은 일을 마음껏 꿈을 꿀 수 있으면, 해 주고 싶은 것을 마음껏 줄 수 있으면 천국이다. 그냥 아버지는 아들하고 싶은 것을 할 수 있도록 힘껏 도와주고 해 보라고 한 것이고, 아들은 선한 일을 해 보고 싶은 꿈을 꾼 것 외에는 특별한 것이 없다.

어라? 꿈 잘 꾸면 나도 천국에 살 수 있겠네.

그런데 꿈이 주책없이 너무 높은 곳을 바라거나,

남은 모르겠고, 내 욕심을 부린다면
신도 없고 천국도 없다네요.
그런데 꿈이 없다면 천국도 없겠다.

신들이 하는 일

자신들의 모습이 천국이라고 보여 주고,
천국을 만드는 방법을 알려주고 싶은 꿈을 꾼다.
아래 세상도 질서가 있는 관계로 조화를 이루면
천국을 만들 수 있기에
너희들도 천국을 꿈꾸라 하신다.
꿈을 꾸기만 하면 돕겠다 하신다.
네 꿈이 참이면 너의 부족한 가르침도, 능력도,
기회와 권한도 주겠다 하신다.
너와 함께 그 꿈을 이룰 수 있도록 꿈을 꾸겠다 하신다.

생각해 보기

아들: 아버지! 돈 얼마만 주세요, ○○ 좀 하게요.
이버지: 뭐라고? 뭐 하는데 그렇게나?
아들: 아 ○○ 좀 하게요, 잘될 것 같아요, 이게 요즘 대세거든요.
아버지: 그게 뭐 하는 거야?
아들: 어쩌구, 저쩌구, 그러니까 자금만 도와주시면 잘할 수 있어요.
아버지: 남의 말만 믿고 능력도 경험도 없이 가능하겠냐? 안돼!
아들: 아니 그게 아니고, 어쩌구, 저쩌구, 그러니 도와주세요.
아버지: 그 돈이 애 이름이야! 안돼!
아들: 말이 안 통해! 엄마!~
어머니: 아니 아들이 해 보겠다는데 어쩌구, 저쩌구….
아버지: 어이구! 그래. 알았으니까 잘 해봐.

부모나 신을 소원을 들어주는 대상으로 생각하고 있다.

부모나 신이 내 소원을 왜 들어주어야 하지?라고 묻는다면 "부모이
니까", "신이니까" 당연하다고 생각한다.

그렇다면 환인과 환웅을 살펴보자.

부모는 자식에게 마음의 문을 열어 자식의 관심에 귀 기울여 들어

주고, 알아주고, 능력을 키울 환경을 만들어 주고, 진심으로 걱정과 격려를 하고, 내 것을 주어서라도 하고 싶어서 하는 것을 할 수 있게 기회를 주는 일을 해서 자식의 본이 되어야 한다.

자식은 부모를 본받고, 사랑하는 분께 감사하며, 스승님을 존경하고, 닮아 옳은 일을 하고자 꿈을 꾸고 계속 나를 변화시켜 가기만 하면 된다. 더 좋은 꿈을 꾼다면 더 좋은 천국을 만들 수 있지 않을까?

얼마 전 산행을 하다가 수많은 기도 제목을 리본에 적어 달아 놓은 것을 보았다. 기도 제목을 보면 대부분 건강하게, 합격하게, 천국 가게, 대박 나게 해 주세요! 등 모든 끝부분이 '~해 주세요'로 끝이 난다. 신에게 부탁하는 걸까? 강요하는 걸까? 그 소원이 다 이루어지면 걱정도 없고 하고 싶은 것을 다 하고 행복한 걸까?

천국은 계속 질서 있는 조화로운 관계가 유지되는 진행형이어야 천국이 영원할 것 같다. 환인과 환웅이 서로 자주 본 이유가 이것 아닐까?

IV
아래 세상,
천사들의 이야기

천사? 천사는 뭘 하지?

서양에서는 하늘의 신이 이 땅에 내려오면 천사라 한다. 동양에서는 땅에 사는 사람이 하늘로 올라가는 사람을 신선이라고 한다. 서양 사람은 천사가 하늘에서 땅으로 전하는 일을 하면 하늘로 갈 수 있다고 믿었고, 동양 사람은 현실의 인간 세계에서 떠나 자연과 벗하며 도를 닦아 스스로 수양을 해 신선이 되면 하늘로 갈 수 있다고 믿었다.

천사나 신선은 하늘과 사람이 서로 통하고자 하는 목적은 같지만 지향하는 방향은 천사는 하늘에서 땅으로, 신선은 땅에서 하늘로 가고자 한다. 동·서양이 서로 반대다.

천사는 내게도 올 것인가? 온다면 왜? 언제? 어떻게 올까? 내게 무슨 일을 시킬까? 천사 말을 들으면 뭐가 달라지지? 천사 말대로 다 하면 평안해지고 행복해지는 걸까?

도대체 신선의 도가 무얼까? 수양은 무엇을, 어떻게, 얼마나, 해야 할까? 꼭 자연과 벗해야 하나? 현실을 벗어나면 원시인인데? 신선들은 병들지도 죽지도 않는다는데, 지금 그런 사람은 없지 않나?

그러면 우리 민족은 천사나 신선이 있다고 믿었을까?

그들은 무슨 일을 했을까?

환웅이 아래 세상에 내려와 한 일은 크게 세 가지이다.

첫째는 신단수 아래 신시를 베풀고 스스로 환웅천왕이 되어 인간 세상을 다스린 일.

둘째는 곰과 호랑이가 함께 사람이 되길 원하자 방법을 일러 주었으나 곰만 여자로 변한 것.

셋째는 웅녀가 아이 갖기를 원하자 환웅이 사람으로 변해 혼인해 단군을 낳은 것.

단군 역사를 신화로 만드는 계기가 되는 결정적인 부분은 곰이 여자가 되고, 신이 사람이 되며, 여자와 결혼해 아들을 낳고 하늘로 돌아가지 않고 이 땅에서 사는 이해 불가능한 상황의 연출이다.

"에이~", "정말로?", "설마", "왜?", "어떻게?" 등의 궁금증을 사람이 갖추어 가야 할 인성과 성품을 차례로 가르치기 위한 조상들의 지혜가 숨어 있다.

"아하~", "그런 뜻이~", "그렇구나"라고 역사와 교훈을 쉽게 이해할 수 있도록 신화로 만들었다.

천사들이 곰을 사람으로 만들기 위해 한 일을 알아 보자. 천사들이 한 일들을 모르니 한낱 신화에서 동화 이야기로 전락할 수밖에 없지 않나.

곰 이야기를 더 해볼까 한다.

정신세계사에서 발간한 한단고기 삼성기 상편[1]에는 "(전략) **웅씨 여
인을 거두어 아내로 삼으시고, 혼인의 예법을 정하매 (후략)**"라고 적혀
있고 해설에는 "웅녀의 곰이란 말은 한웅의 한과 대치되는 말로, 한이
(하늘)의 준말이라면 곰은 (땅)의 다른 말이다. 한님이 하느님이니 웅녀
는 곧 곰님의 여자이다. 여자가 붙은 것은 곰(웅) 자의 대칭이 되는 글
자가 계집(녀)이기 때문이다. 우리의 고대인들은 땅의 신을 검님으로
불렀으니 웅씨 여인이란 결국 지신족(地神族)의 여인을 뜻하는 말인 것
이다. (중략) 우리말의 검줄. 즉, 산실 앞에 두르는 새끼줄을 신색(神索)이
라 적으면서 검줄로 읽으니 신의 음이 곧 검이며, 제단 앞에 까는 노란
흙도 신토(神土)라 적고 이를 검토라 읽으니(중략) 이렇게 우리 말에도
얼마든지 있는 (검=신)의 용법을 무시하고 곰 새끼 타령일랑 이제 지양
되어야 한다. 이 웅녀 환웅의 기사야말로 우리 민족의 민족 종교 내지
민족 신앙의 핵심을 이루는 귀중한 기록임을 되새겨 인식해야 할 것이
다"라고 설명하고 있다.

하늘신을 환웅으로 의인화하고 땅의 신을 웅녀로 의인화한 것이라
설명하고 있다. 그렇다면 하늘신과 땅의 신이 조화를 이루는 과정과
그 결과 단군이, 사람이 탄생하는 배경을 말하려는 것이 아닐까?

---

1) 한단고기, 정신세계사, 17,19P 요약

'우리 민족은 하늘에서 땅으로 내려온 천사들이 하늘의 조화와 땅의 교화 원리에 맞게 살면서 인간도 이렇게 하면 천사처럼 살 수 있다고 가르쳐준 그 천사의 후손이다'이 말을 하고 싶은 것 아닐까?

어라! 뭔가가 있는 것 같다.

첫 번째 한 일: 가르쳐 주었다

> 환웅이 무리 3,000명을 이끌고 태백산정의 신단수 아래로 내려왔다. 그곳을 일러 신시라고 하였다. 이가 환웅천왕이다. 바람신·비신·구름신을 거느리고 이들로 하여금 곡식과 생명과 병과 형벌과 선악 등 무릇 인간의 360여 일들을 주관케 하여, 세상을 다스리고 교화하였다.

환웅이 무리 3,000명을 이끌고 태백산정의 신단수 아래로 내려왔다

아버지의 명령을 따랐다

아버지가 지시한 모든 천사를 거느리고 지정한 장소에 내려왔다. 명령대로 실천해 아버지의 신뢰를 저버리지 않고 순종하는 모습이다.

그 모습을 아래 세상 인간들 모두 볼 수 있는 곳, 태백산 정상에서 처음으로 보여주었다. 땅에 도착하여 하늘나라에 있는 환인에게 감사 제사를 지냈다고 하는 신단수는 우리말로 '박달나무(밝은 땅의 나무)'라 한다.

제사를 가르쳤다

처음으로 아래 세상을 이롭게 할 기회 주신 하늘에 계신 아버지에게 감사하는 마음을 제사하는 모습으로 인간들 모두가 볼 수 있게 했다. 제사는 순종과 감사를 통해 신과 소통하는 방법이기 때문이다.

환웅이 처음 한 일은 하늘에 순종과 감사를 행동으로 보여주어 인간들에게 가르쳐 주었다. 아래 세상은 순종이나 감사가 없었기 때문이 아닐까?

가르치고 배우는 이유

배우는 것과 가르치는 것, 누가 더 절박할까? 배우는 사람일까? 가르치는 사람일까? 아마도 먼저 배우고자 하거나 가르치고자 하는 사람 아닐까? 배우고자 아무리 해도 가르쳐 주는 사람 없으면, 가르치고 싶지만 배우고자 하는 사람 없으면 시간이 지나면 아무도 모르는 세상으로 간다. 다시 아픈 고통을 수없이 겪어야 경험이 되고, 그 아픈 경험을 피할 수 있는 것이 가르침이 될 수 있다.

먼저 가르치고 배우고자 하는 것은 아마도 다시 겪지 않고 싶은 아픈 경험이 있었던 사람이 아닐까?

아픔을 겪지 않도록 해 주시는 분께 감사는 당연하다.

질서와 순서를 지킨 결과는 평안과 감사다

아침에 해가 뜨고 저녁에 해가 진다. 밤에는 달과 별이 뜨고 새벽에 진다. 봄이 오고 여름이 가고 가을이 오면 겨울이 된다. 씨가 뿌려지고 싹이 나고, 잎과 꽃이 달리고, 열매를 맺고 죽어 썩는다. 태어나고, 자라고, 성장해서 혼인하고, 자식을 낳고 키우고, 늙어간다. 순서가 바뀌지 않는다. 질서는 신이 순서를 정한 것으로 사람이 순서를 바꿀 수 없기에 사람이 질서에 적응할 수밖에 없다.

말을 하는 사람이 있으면 듣는 사람도 있다. 말하는 사람이 말을 하고 있는데 듣는 사람이 듣고 있으면 의사소통이 잘되어 혼란이나 오해가 적다. 그러나 듣는 사람도 같이 말하기 시작하면 목소리도 크게 되고 듣지도 못하면서 혼란이 시작되고, 오해와 갈등이 생기고, 다툼으로 이어질 수 있다. 나도 자식들에게 제발 내 말 좀 들어보라고 큰 소리로 말을 많이 했었다. 내 자식이니 내 말대로 하라고 해서 되는 꼴을 못 봤다. 자식의 마음과 입장을 모르고 나 혼자 한 말이니 아이들 입장에는 잔소리가 맞겠지?

아~참! 환인은 아들이 마음을 알고 그 후에 다스리라고 말했었지. 그래~ 순서는 듣는 것이 먼저이고 말하는 것은 다음이네.

내 마음에 들지 않는다고, 더 좋은 방법이 있다고, 내 방법대로 해보자고 해도 지금 그 일을 할 수 있는 사람이 나보다 윗사람이면 윗사람 방법으로 일이 된다. 내가 원하는 방법으로 할 수 없다. 설사 내가 원하는 방법으로 일이 진행된다고 하더라도 윗사람 허락이 있었기에 가능하다. 그래서 지금은 그 일을 할 수 있는 윗사람의 때이다.

어른의 때와 나의 때와 자식의 때는 신이 흐르는 시간으로 순서를 정했기 때문이다. 그 때를 잘 지키면 질서와 평안함이 만들어진다.

지금의 나를 만들어 준 부모님의 때에 먼저 감사하고 내 때의 순서에서 내가 그 일을 하면 된다. 언젠가는 윗분들은 나의 때에 따를 수밖에 없고 내 차례, 내 때가 온다. 그래서 나의 때는 감사로 시작하는 것이 옳지 않을까?

이것, 저것 다 해 보고 싶은데…
그런데 지금은 누구 때야?

그곳을 일러 신시라고 하였다

신시(神市)는 "신들의 시장, 또는 신들의 저잣거리"라는 뜻이다. 환웅과 함께 내려온 3000명의 신이 아래 세상에서 사는 도시다. 아래 세상에서 하늘나라 신들이 사는 모습을 인간들에게 보여주어 인간들도 신들처럼 살고 싶다는 욕심을 가지도록 신들이 천국의 모델을 직접 보여준 것이다. 이 땅을 천사들은 밝은 땅. 즉, 배달이라 하고 인간들은 신시라 했다.

초등학교 수학여행 때 처음 울산에 가보았다. 바다도 처음이었지만 커다란 배와 큰 건물과 공장, 시장을 본 느낌은 잊을 수 없는 신세계였다.

나도 여기서 살고 싶다.

이가 환웅천왕이다

인간들은 환웅이 온몸으로 보여주고, 가르쳐주고, 환한 빛의 진리로 다스리는 큰 스승으로 하늘에서 오신 왕이라는 뜻으로 환웅천왕이라 존경하여 불렀다.

개천절(開天節)은 하늘 문을 연 것을 기념하는 날이다. 우리는 처음 하늘 문을 연 환웅천왕을 기억해야 하는데 단군만 기억하고 있다. 왜? 뭔가 이상하다.

바람신·비신·구름신

바람신·비신·구름신을 거느리고

환인은 빛과 열과 기로 세상을 다스리는데 환웅에게는 바람과 구름과 비로 아래 세상을 다스리게 했다. 세상 만물은 빛과 열과 기에 따라 빛은 얼음처럼 차기워지기도 하고, 끓어오르기도 하고, 증발하기도 하며, 세상 모든 식물이 싹이 트기도 하고 꽃도 피고 열매도 맺는다. 반면에 바람은 구름을 움직여 햇빛을 가리거나 비춰게 하기도하고 구름은 비를 내려 땅을 적신다. 바람과 구름과 비는 빛과 열과 기를 조절하는 기능을 하고 있다.

삼신의 절대 진리인 빛과 기와 열을 그대로 인간에게 적용하면 살아남을 인간이 없다는 것을 환인은 알고 환웅에게 바람신, 구름신, 비신을 동행시켰고, 환웅은 이들을 다스려 인간이 태어나고 자라고 성장하고 늙어 죽어가는 과정에서 아플 때도 건강할 때도, 인간 간의 관계가 좋을 때도 나쁠 때도, 바람과 구름과 비의 이치를 인간이 깨우치도록 가르치는 지도자였다.

바람을 불어 관심이나 관계가 평안해지도록 방향을 조절하고, 구름으로 빛을 가려 적당한 그늘 속으로 쉴 수 있도록 인도하고, 비를 내려 서로 공감에 젖어 살아갈 수 있도록 신이 인간을 측은히 여겨 주신 선물이다.

바람, 구름, 비가 신이 인간을 사랑하는 수단이 아닐까?

이들로 하여금 곡식과 생명과 병과 형벌과 선악 등 무릇 인간의 360여 일들을 주관케 하여 세상을 다스리고 교화하였다

3,000명의 천사는 바람신·비신·구름신을 중심으로 다양한 분야에 전문성을 갖추고 아래 세상을 이롭도록 인간들을 다스리고 가르치고자 하늘나라에서 파견된 엘리트 집단인 것 같다. 자연과 자연과의 관계, 자연과 인간과의 관계, 인간과 인간과의 관계에서 일어나는 모든 일을 질서와 관계의 이치에 맞게 행동으로 보여주고, 가르치고, 다스린 것 같다.

특히 인간에 대해서는 생로병사 과정과 인간과 인간의 관계에서 나타나는 모든 일에 대해 질서를 알고 조화로운 관계를 이룰 수 있도록 모범을 보여 가르치고, 선과 악으로 구분하고 형벌로 다스렸다. 이렇게 가르쳐 조화를 이루는 방법을 "교화(敎化)"라 하였다.

가서, 가르치고, 다스리라는 명령은 신이 먼저 인간을 찾아와 인간의 부족함을 알고 인간 할 수 있는 이치를 모범으로 보여주고 다스리라는 것이다. 아래 세상을 하늘나라를 만드는 방법을 먼저 가르치고, 잘한 것은 칭찬하고, 못한 것은 벌을 주어 조화를 이루게 하는 것이다.

아마도 신은 인간만이 세상 만물 중에 선행과 악행을 모두를 할 수 있다는 것을 아셨나 보다.

천사들은 자연과 인간, 인간과 인간이 조화를 이룰 수 있는 행동을 선(善)으로 삼아 착하고 정당하여 윤리와 도덕을 기준으로 교화하여 실천하게 하고, 하늘의 가르침을 어기고 조화를 이룰 수 없게 하는 생각이나 행위를 기준으로 죄(罪)로 삼아 죄를 지은 인간은 다시 조화를 깨지 않도록 죄를 용서나, 형벌(刑罰)을 주어 우한이나 걱정을 대비하도록 가르쳤다.

칭찬도 벌도 천국을 만드는 꼭 필요한 방법이 아닐까?
그런데 지금은 사랑의 매도 들지 못한다. 어찌 될까?

선(善)과 악(惡)과 죄(罪)

이롭다는 건 뭘까? 무엇을 이롭게 한다는 것이지? 이롭게 의 반대는 뭘까? 해롭게! 이롭게 하든 해롭게 하든 하려면 내가 아닌 다른 대상이 있어야 한다. 나 외에 다른 대상인 자연과 인간과의 관계를 이롭게, 그리고 지금의 내가 아닌 또 다른 나와의 관계를 이롭게 하길 원하신다.

신은 세상 만물을 다 이롭게 하고 싶어서 하시는 것 같다. 이롭게 한다는 것은 나뿐 아니라 서로에게 평화롭고 안전한 관계인 조화를 이루어 가기를 바라는 것 같다.

조화를 이루려는 그 모습이 착하다 하여 이것을 선(善)이라 한다. 아래 세상에 없기에 하라는 것이었고 작은 교훈으로도 가능하기에 하라는 것이다. 그래서 가르치시는 분을 착하고 선하게 대해야 한다. 국민학교 때 선생님이 가정 방문할 때에 부모님이 선생님을 모시던 모습이 생각난다.

이롭게 하는 수단으로 바람과 구름과 비, 그리고 3000 무리와 지도자 환웅을 보내 주셨다. 신이 이미 창조하신 빛과 열과 기를 이 수단을 이용해 유익하게 다스리시기를 바라신 것이다. 아래 세상을 천국으로 만들 수단을 주신 것이다.

해로운 곳에서 이롭게 하는 쪽으로 바람을 불어 옮기고
절망에서 희망으로 구름을 옮겨 빛을 비춰주고
서로의 슬픔과 기쁨을 비에 촉촉이 젖는 것처럼 공감하면서 불안보다 평안을 누리기를 바라시는 것 아닐까?

신은 바람과 구름과 비로 우리를 보살펴 주신다.
이런 보살핌을 받을 수 있다는 것이 얼마나 행복할까?
내가 바람과 구름과 비를 수단으로 한다면 나도 천사다.

악은 해롭게 하는 것이다. 이롭게 하려는 신의 뜻을 방해하는 것과
신의 뜻을 어기는 행동이다. 신은 어떤 것을 더 괘씸하다 할까? 아마
도 신의 뜻을 방해하는 것일 거다.

신은 조화를 이룰 수 없게 하는 생각이나 행위를 죄(罪)로 정했다.
죄의 순서는 생각부터 시작해서 행위로 나타난다. 그래서 신들은 생각
부터 죄로 여겨 형벌로 다스렸다.
그러나 인간이 정한 법에서의 죄는 위반한 행위만 죄로 삼는다. 피
해 사실이 구체적이고 증거가 있어야만 형벌로 다스린다. 인간이 생각
을 형벌을 정하지 않았다고 해서 죄가 아닌 것이 아니다. 욕하거나 무
시하는 생각을 했다고 법으로 처벌하지 않는다. 하지만 법에는 없어도
조화를 방해하는 악이고 죄이다. 이 악과 죄를 바로잡기 위해 가르치
다가 다툼이 되면 바로 잡고자 하는 사람이 법의 죄인이 되는 경우가
허다하다.

뭔가 단단히 잘못되었다. 그래서 인간과 사람의 구분은 "도덕과 윤리를 지키는가?"로 구분한다. 우리 주변에는 평생 법 모르고 사신 분들이 더 많았다. 사람은 양심을 실천해 함께 즐거워하고자 하는 순리를 따르기 때문이다. 이 순리를 보장해야 하는데. 요즘 어른들은 비행 청소년들을 피해 다니신다. 도덕과 윤리를 가르치기가 두려워서이다.

하얀색 옷(白衣)을 입는 민족은?

요즘 상복을 검은색으로 입는데 외국도 검은색이니까? 남이 하니까? 문화가 바뀌어서? 몰라서? 무슨 색옷을 입는 것이 뭐 중요하냐? 라고도 할 수 있다. 시대가 그리하니 뭐라고 할 수는 없다. 하지만 알고는 가자.

우리 민족은 부모가 죽어서 입는 옷도, 부모를 보내는 자식의 옷도 모두 하얀색 소복(素服)을 차려입었다. 아래 세상에서 위 세상으로 돌아가시는 길이기에, 빛의 나라, 하늘로 돌아가시는 부모를 배웅하며 차려입은 옷이다. 그런데 요즘은 매스컴이 하얀색 옷 소복을 검붉은 피를 칠한 귀신들이나 입는 옷으로 만들고 있다.

환인과 환웅과 단군이 그리고 3,000여 명의 무리가 그리하였듯이 우리 민족은 이를 본받아 사람은 배우면서 살고, 지키면서 살고, 가르치면서 사는 것이 당연하고 세상을 이롭게 만들기 위해 최선을 다해 사는 것이 사람의 본모습이며 사람으로 죽어서 천사가 되어 하늘로 올라가는 것은 당연한 것으로 믿은 것이다. 소복, 하얀색 옷은 신의 후손으로 그 뜻을 이어가고 있는 하늘나라 백성이 입는 옷이다.

하늘에 속한 사람들이니, 하늘이 하고자 하는 일을 하는 사람들이었으니 심판은 당연히 없다. 내가 하늘에 뜻대로 살고자 했으면 두려울 것이 없다. 마음대로 욕심껏 꿈을 꾸며 살아 보라 하시는 것 같다.

명령(가르침)에 대한 내 생각

상급자가 앞에 병사 3명이 걸어가고 있는 것을 본다.
뒤에서 상급자가 "어이~"하고 부른다.
3명 모두 모르는 척한다.
다시 "앞에 3명!"하고 다시 불렀다.
그때야 3명이 뒤돌아보고 인사한다.

"저기 쓰레기는 치우고, 상자는 어디에, 저 돌은 어디 쌓아라"

상급자가 지시한다.
병사들은 얼굴을 서로 본다.

　나이가 많다고, 관계가 위라고, 계급이 높고, 직책이 있으면 마음대로 시켜도 되나?

　그렇다면 나이도 적고, 계급이 낮고, 직책이 낮으면 무조건 들어야 하나?

　시키는 사람이나 듣는 사람도 권리와 책임과 의무와 역할이 있는데, 그리고 규정에 제한사항도 정해져 있는데.

시키는 이유가 뭘까?

그리고 시키면 다 들어야 하나?

시키는 대로 하는 내가 못난 탓일까?

시킬 수 없다면 어떻게 될까?

환웅은 아버지 환인이 시키는 대로 했다. 왜?

직책과 역할은?

직책은 직무상의 책임으로 맡은 임무를 수행하는 것을 말한다. 역할은 자기가 마땅히 해야 할 맡은 바 직책이나 임무나 구실을 말한다. 직책은 남들이 권위를 인정하는 것이고, 역할은 스스로 자신을 바라보고 해야 하는 기능이다. 그래서 평가는 직책보다 역할을 얼마나 잘하느냐를 보고 판단해야 한다.

여단장이 예하 부대에 와서 청소 상태나 정리 정돈이 불량하다고 이렇게 저렇게 하라고 대대장에게 지시하고 간다. 그 역할을 할 사람은 소대장이나 분대장인데 중대장도 대대장도 그 일을 하게 된다. 물론 이유가 있겠지만 그 일을 담당하는 소대장과 분대장과 병사들은 그 여단장을 똥별 또는 분대장이라 부른다.

자기가 지시해 놓고 문제가 되면 그런 뜻이 아니라 하는 사람들도 많다. 변명과 핑계를 대고 자기 합리화를 하지만 부하들은 멍청하고, 비겁하고, 무책임하고, 자격이 없는 줄을 다 안다. 하지만 부하의 어려움을 듣고, 가르침을 주고 가는 상관들도 많다.

계급과 직책은 역할을 잘해 서로 이롭게 하고자 정한 것이다. 시키는 나도 내 역할을 하고, 지시받는 너도 너의 역할을 해야 한다. 높고 낮다고 해서가 아니라 내 직책과 계급에 맞는 역할이 우선이다.

직책에 임무를 정한 이유는 정하지 않았을 때 오는 혼란 때문이고, 임무를 정하지 않은 부분은 당연히 해야 할 일이기 때문이다. 맡은 임무가 아니라도 더 좋을 수 있다면 그리하면 되는 것이다.

평등은?

신이 정한 평등은 정의이고 질서이다.

첫째는 신이 모든 인간에게 각자 시간을 주었다. 태어나고 자라고 장성하고 죽는 살아있는 동안 각자의 시간 말이다.

둘째는 신이 모든 만물을 음과 양으로 구분했고 인간 역시 남자와 여자로 구분했다. 능력도 할 수 있는 것과 할 수 없는 것으로 구분하였고 그 구분된 둘이 하나가 될 때만 새로운 생명을 맺게 했다.

셋째는 신이 모든 인간에게 같은 과정을 살도록 했다. 약할 때도 있고 강할 때도 있고, 아플 때도 있고 건강할 때도 있지만 모두가 이 과정을 거치게 했다.

인간에게 태어나고 죽는 것, 남자와 여자 구분처럼 할 수 있는 것과 없는 것, 강할 때와 약할 때가 있다는 것, 그리고 함께해야 새로운 것이 탄생한다는 것 외에는 평등하게 적용되는 것이 없다. 평등의 기준에서 '모두 이롭게 하라' 하신 것 아닌가? 인간 모두를 이롭게 만들기 위한 과정이 공정이다. 할 수 없을 때 도움을 받고, 할 수 있을 때 같이 하고 싶은 것을 모두 하게 해 보자.

평등은 때(지금)로는 질서고, 할 수 있게 하는 것이 권리이다.

권리보다 질서가 우선

권리 보장은 할 수 없는 부분과 할 수 있는 부분, 잘할 수 있는 부분과 할 수 없는 부분을 서로가 신뢰하고 인정하는 관계에서 가능하다. 인정되는 부분 이상을 보장하라는 것은 또 다른 권리를 침해하는 것이다. 어떤 권리도 서로 인정하고 나누는 질서를 깨면 권리는 없어진다.

권리는 자기의 위치와 역할이 있어야 인정된다. 내 권리를 인정받고 싶다면 남의 권리도 인정해 주어야 한다. 권리는 싸워서 쟁취하는 것이 아니라 인정되는 만큼 보장받는 것이다. 내 권리만 주장한다는 것은 서로 관계와 질서가 없다는 의미 아닐까?

우리는 남의 권리를 보호해 주는 '배려와 양보'의 도덕의 문화가 있다. 언젠가는 나도 약자가 되거나 늙는다는 것을 알기 때문이다. 모두가 알고 있기 때문이다.

어떤 것이 인간을 더 이롭게 하는 걸까?

너도 하고 나도 하자. 너는 하지 말고 나만 하자. 너만 하고 나는 하지 말자. 너도, 나도 하지 말자.	나 먼저 다음에 너. 너 먼저 다음에 나. 너라도 해라. 천천히 다음에 같이 하자.

이왕이면 때는 다를지라도 다 같이 할 수 있으면 좋겠지?

법으로 보장된 권리만으로 내 권리를 다 보장받을 수 있을까?

권리는?

권리는 구분과 평등을 전제로 한다.

인간의 능력은 부분적으로 강자와 약자로 구분되고 또 강점이 약점이 되고 약점이 강점이 되기도 한다. 능력에서 할 수 있는 것이 있고, 할 수 없는 것이 있다는 것, 잘할 수 있는 것과 미숙한 것을 인정하는 것이다. 그렇게 모두가 인정되는 부분끼리 모아 놓은 것을 구분한다고 한다.

환웅은 곰이 웅녀가 되자 호랑이는 함께 하지 못하게 하였다. 다툼의 여지가 되기에 웅녀와 호랑이를 구분했다. 다툴 이유가 없는 신이기에 평등한 범위 내에서 웅녀와 호랑이의 권리는 다르다는 것을 알고 그에 따른 차별을 한 것이다. 때는 다르지만 모두 하고 싶은 것을 하면서 살 수 있도록 그에 맞는 차별을 해 주었을 때 가질 수 있는 것이 권리다.

옛날이야기에 봉사와 앉은뱅이가 서로 동냥을 얻기 위해 앉은뱅이가 눈이 되어주고 봉사가 발이 되어 서로 살 수 있었지만, 앉은뱅이가 봉사에게 음식을 나누어 주지 않아 봉사가 먼저 굶어 죽고 그 후 앉은뱅이도 굶어 죽었다는 이야기이다. 같이 살기 위해서는 역할은 달라도 각자 능력을 협조해 살 수 있었으나 가장 중요한 함께 음식을 나누는 것을 지키지 않아서 둘 다 죽었다.

때와 상황에 맞게 나누는 것과 받는 것을 구분한 것이 권리 아닐까?

다름과 차이와 비교는?

이 세상 모든 인간이 같지 않다는 것을 누구나 알고 있다. 태어난 일시, 장소도 다르고 부모도 다르고, 설사 쌍둥이라 하더라도 크기와 모양과 성장 속도와 이해력도 다르고, 좋아하는 것과 싫어하는 것과 환경과 관계도 다르고, 가지고 있는 마음도 다르고 모두 다르다. 그래서 모두 특별하다. 착각하지 말자. 나만 특별하지 않다.

차이는 나와 남과 다름의 간격이다. 대상에 따라 간격은 넘치는 것도 있고 부족한 것도 있다. 넘치는 것은 베풀어 주고 부족한 것은 도움을 받아 서로 즐거워야 한다. 서로 장단점을 살린다면 만족을 찾을 수 있다.

세상 모든 인간이 다르고 차이가 있기에 줄 것도, 배울 것도 있다. 하물며 세대 간의 차이에 줄 것과 배울 것이 생기는 것은 당연하다. 다름과 차이는 주는 것과 받는 것, 배울 것과 삼가할 것이 있다.

비교는 이것과 저것 간에 차이를 재보는 것이다. 남의 자식 성적과 내 자식 성적을 비교한다고 해서 내 자식이나 남의 자식이 변할 것이 아무것도 없다. 사과와 배를 비교한다면 값이든, 크기든, 양이든, 맛이든 선택할 수 있다. 비교는 내가 선택하기 위해 고려할 사항일 뿐이지 그 사과나 배가 변한 것은 아무것도 없다. 내가 먹고 싶은 것을 먹으면 그만이고 지금 아니면 다음에 먹으면 된다. 남의 자식을 내 자식으로 선택할 수는 없지 않나?

비교를 꼭 해야 한다면 못하는 부분만 보지 말고, 잘하는 부분도 같이 찾아보자. 남보다 잘하는 부분이 훨씬 더 많을 것이다. 사과 맛과 배 맛이 다르듯이 배를 좋아하는 사람도, 사과를 좋아하는 사람도 있다. 좋아하는 사람을 더 잘하게 하면 된다. 내 자식이 잘하고 좋아하는 것이 있다는 것이 기쁘지 않은가?

그런데 인간은 나를 남과 비교해 남이 가진 우월한 점을 시기하거나, 내가 좌절하거나 이기려고 다툼을 일으키고, 내가 상대를 누르려 한다. 비교는 욕심이 바탕에 깔려있어 진정한 가치를 잘못 볼 수 있다. 가능하면 쓸데없는 비교는 하지 말자. 비교한다면 내가 잘하는 것만 비교하면 항상 만족하지 않겠나?

천국의 신들은 서로 비교하지 않았다. 그냥 현실을 그대로 보고 만족했기에 천국인 거다. 천사들도 인간을 서로 비교하지 않았다. 그냥 인간들에게 천사들이 사는 방법을 보여주는 것으로 만족했기에 밝은 땅, 신시가 된 것이다.

역할(役割)[2]은 조화를 이루는 일이다

인간은 누군가의 자식이고, 부모고, 형제나 친구고, 가정과 사회와 국가의 일원으로 다양한 신분과 직책을 가지고 있다. 이때 마땅히 맡아야 할 직책이나 임무가 역할이다. 부모나 부부, 자식 등 관계에서 역할은 윤리나 도덕 등으로 부여되고, 사회적 관계에서 역할은 직책에 따라 법과 규정, 내규나 예규, 관습 등으로 개인별로 부여된다.

역할은 하기 싫고 좋고 문제가 아니라 사회구성원의 책임이다. 모두의 의견을 모아 필요에 따라 역할의 종류를 구분하고, 절차와 방법을 정하고 모두에게 나누어 분담해야 한다. 이 과정이 공정하지 못하면 불만과 불평이 생기게 된다. 모두가 하고 싶은 것과 능력과 사정들이 다르고 차이가 있기 때문이다. 문제를 모두의 의견을 모아 긍정적으로 조화롭게 해결하려는 절차와 과정이 필요하다. 혼자 할 수 있었지만 둘·셋이 하면 할 수 있는 일이 더 좋게, 더 많이 있기 때문이다. 백지장

---

[2] 역할(役割, 영어: Role): 자기가 마땅히 하여야 할 맡은 바 직책이나 임무.

도 마주 들면 낫다는데.

장단점과 유리함과 불리함은 있을 수 있지만 잘 결합하고 보완하면 더 강한 힘이 된다. 조화를 이루는 과정은 각자 장단점을 잘 결합하는 것 아닌가?

이렇게 더 좋은 세상을 만드는 과정을 하늘나라에서 환인과 환웅이 우리에게 보여주지 않았던가?

자주 시선을 아래로 두고,
돕고자 하는 마음으로 문제를 본다면,
내가 하고 싶은 일이 생기게 되고,
능력과 권한이 있다면 그 일을 할 수 있도록
사랑하는 마음으로 염려와 대비와 격려를 하고
기회와 권한을 주는 신이 있다는 것을 감사히 생각하며.
이 마음으로 차별을 정하면 공정한 과정이 아닐까?
신은 "평등은 내가 정했으니 너희는 공정하게 하라" 하신다.

우리 모두 가족을 먹이고 살리기 위해 일한다고 하지만 사실은 내가 행복하기 위해서 일하고 있다. 내 가정이 가장 나를 행복하게 해 주니까 그 가정을 만들고 가꾸기 위해 일하는 것이 맞지 않나. 가정을 위해 일하듯이 공익을 위해 일을 그렇게 일하면 얼마나 좋을까?

어이구~

청문회를 보면 열 불날 때가 한두 번이 아니다.

차별은 공평하게 한다

요즘은 다 평등하니 모든 사항에 평등하게 대해 주기를 바라고, 다르게 대하면 '차별한다' 하고, 차별을 '잘못이다'로 이해하고 법으로 차별하지 못하게 하고 있다.

나와 다르다는 것과 그 차이를 인정하고 주고, 받는 것이 '차별'이다. 서로 필요한 것 주고, 받아서 모두가 하고 싶은 것을 다 같이 하게 하면 좋은 차별이고, 하고 싶은 것을 못 하게 하면 나쁜 차별이다. 차이만큼 좋은 차별은 서로의 공평한 관계가 되고, 차별이 기대보다 못하지만 기다릴 수 있다면 희망이 있는 관계가 되고, 차별이 기대마저 못할 정도면 관계를 포기하거나 다투는 관계가 된다.

차별은 이 질서를 알고 공평의 관계를 만드는 디딤돌이 된다. 주거나 받는 것을 공정하게 해서 모두 만족할 수 있다면 인간이 평등을 이루는 방법이고, 일부 차이를 두더라도 당장 급한 사람에게 양보한다면 인간이 배려를 이루는 방법으로 신의 측은지심을 실천하는 것으로 생각하면 된다. 지금 당장 모두가 할 수 없다면, 차례나 순서대로 모두 할 수 있도록 기대하면서 필요한 만큼을 서로 채워 보자.

차이에 대한 차별 방법이 선과 악의 갈림길이 되고 도덕과 죄로 되는 것이고 이것이 정치. 즉, 바른 다스림이 아닐까?

순종과 복종과 굴종은?

자발적인 순종은 꿈을 함께 이루기 위해 스스로 명을 따르는 것이고 복종은 위 사람의 직책과 책임과 역할을 인정하고 명에 따르는 것이다. 굴종은 위 사람이나, 관계없는 사람의 잘못된 명령이나 지시를 강요해 그 직책이나 위력에 굴복해 명을 따르는 것이다. 사람은 복종이나 굴종보다 순종하기를 더 좋아한다. 세상 사람들은 어떤 직책이든지, 직업이든지, 무슨 일을 하든지, 모두 순종과 복종과 굴종 중에서 하나를 하고 있다.

나는 지금 무엇을 하고 있을까?
순종을 하고 있다면 천국에 있는 것 아닐까?

질서가 있는 관계는 사랑하는 방법 아닐까?

세상을 이롭게 하는 일을 신이 다 한다면 그것은 신의 의무일 뿐이다. 당연한 의무를 수행하는 신을 신이라 할까? 아무리 위대한 일이라도 그 일을 맡은 사람이 그 일하는 데 존경할까? 모든 일을 부모가 다 해 준다면 존경하지 않는 것이 당연하다. 자식은 부모가 당연히 자식의 일을 해 주는 종으로 생각하게 된다. 인간과 신의 관계가 좋아야 천국을 알게 되듯이 부모와 자식의 관계를 좋게 해야 한다.

사랑하니까 명령하고 위임하는 것이고
사랑하는 줄 아니까 순종하는 것이 맞네.

부모의 명령은?

'하고 싶은 것을 하라'는 것이 되어야 한다.
해 보아야 후회도, 원망도, 원한도 없으니 게으르지 말고 공정하고 공평하게만 해라. 그렇게 하면 너의 부족함과 약함을 도와주고 믿어주마. 그리고 행여나 이것은 위험하니 조심하고, 저것은 나빠질 수도 있으니 주의하고, 이런 경우는 이길 수 없으니 피해야 할 것을 알려 주고자 한다.

부모의 명령은 지도와 다스림이다.

단지 우리 부모들은 때에 맞는 지도와 다스리는 방법이 미흡할 뿐이다. 부모들도 오늘도 자라고 변하는 그런 자식을 처음 가져보기 때문에 항상 처음 하는 명령이 된다. 그래서 부모나 자식은 먼저 이 경험하신 분들의 조언을 듣는 것이 삶의 지혜다. 선생(先生)은 먼저 경험해 보신 분들이며 조부모님들은 부모님을 키워보신 분들이기에 존경해야 하는 이유 중에 하나다.

자식도 부모도 서로 실수하지 않도록 때에 맞는 관심을 두어야 한다. 환인과 환웅이 서로 자주 관심을 가지고 질서로 관계를 유지한 것처럼.

가끔 부모님이나 자식의 실수를 눈감아주는 것도 사랑이 아닐까 싶다.

생각해 보기

상급자
- 어? 지저분하네. 저 돌은 걸려 넘어질 수 있겠다.
- 내가 치울까? 옳지 저기 병사들이 있네, 시켜야지.
- 어라? 다 못 들은 척해? 이것들 봐라!
- 이거 무슨 태도야?

앞에 병사 3명
- 우쉬~ 자유 시간인데. 우리가 아니겠지? 모르는 척하자.
- 에이 똥 밟았다. 지휘관도 아니면서.
- 이런 거 하러 군대 온 것 아닌데.
- 못한다고 할까? 아니면 다른 임무 중이라 할까?
- 해? 말아?
- 하필이면 무거운 것이 왜 나야? 나 말고도 둘이 더 있는데.

상급자
- 괜히 시켰나? 쪽팔리게.
- 그냥 가라 할까? 같이 하자고 할까? 다음에 할까?
- 내 일도 아닌데. 다른 사람이 하겠지?
- 넘어지면 내가 넘어지나, 조금 지저분하면 어때?
- 다음에는 모르는 척?

미련곰탱이가 사람이 되네

두 번째 한 일: 변하게 하다

> 그때 곰과 범이 같은 굴에 살면서 항상 환웅에게 사람이 되게 해달라고 빌었으므로 쑥과 마늘을 먹으면서 백일동안 햇빛을 보지 말라고 일렀다. 곰은 이를 지켜 삼칠일 만에 여자가 되었으나 호랑이는 견디지 못하여 사람이 되지 못했다

곰과 호랑이와 환웅과의 관계

그때 곰과 범이 같은 굴에 살면서

진짜 곰과 호랑이가 사람이 되게 해 달라 빌었을까? 상식으로 불가능한 일이다. 그런데 왜 곰과 호랑이를 등장시켰을까?

태백일사 신시본기[3]에는 이렇게 실려 있다.

> **"환국의 말기에 씨족의 호칭이 서로 같지 않고 풍속은 오히려 점차 갈라지고, 원래 거주자는 호랑이 부족이고 새로 이**

---

3) 태백일사 신시본기 5

주한 자는 곰 부족이었다. 그러나 호랑이 부족의 성품은 탐욕스럽고 잔인하고 오로지 약탈만을 일삼았으며, 곰 부족의 성품은 어리석고 괴팍하고, 잘난 체하여 조화되기를 받아들이지 아니하므로, 비록 같은 굴에 오랫동안 살면서도 더욱 사이가 멀어져 서로 빌리거나 꾸어주지 않고 서로 혼인도 트지 아니하고 일마다 쉽게 승복하지 아니하여, 하나의 같은 길에 있지 않은 것과 같았다.

이러한 지경에 이르러 곰 부족의 여자 임금은 환웅이 신의 덕이 있다는 말을 듣고 곧 무리를 거느리고 찾아가 뵙고 말하기를, '원하건대 일가를 이룰 굴 하나를 내리시면 같은 신의 계율을 지키는 백성이 되겠습니다'라고 하였다.

환웅께서 곧 이를 허락하시고 그들이 모여 살 곳을 정하여 주시고 자식을 낳게 하시고 생계를 잇게 하였다"

곰과 호랑이는 곰과 호랑이를 숭배하는 인간의 부족으로 기록하고 있다. 호랑이의 탐욕스럽고 잔인하고 오로지 약탈만을 일삼는 것은 인간의 외적 본성을 나타내고, 곰의 어리석고 괴팍하고, 잘난 체하여 조화되기를 싫어하는 것은 인간의 내적 본성을 그대로 묘사하고 있다. 같은 굴에서 곰과 호랑이의 생활은 불편하고 불안한 인간관계와 상태를 설명한다. 아래 세상에 사는 인간의 어두운 모습이다.

호랑이 부족과 곰 부족이 다른 점은 같이 한 굴에서 신시의 모습을 보았지만, 나중에 온 곰 부족은 신시의 모습을 동경해 다른 굴로 들어가 신의 계율을 지켜 천사들처럼 살고 싶은 꿈을 가진 것이다. 환웅은 이 인간의 내면의 모습을 보고 처음으로 인간에 대해 희망을 본 것이 아닐까?

　　환웅이 호랑이와 곰을 처음 다스리는 방법은 서로 다투시 않도록 호랑이 부족과 곰 부족을 분리해 각자의 평안을 가지도록 한 일이다. 외적 본성과 내적 본성 중에 천사처럼 살고 싶은 꿈을 가진 내적 본성인 곰을 구분하였다. 다툼을 말리려면, 꿈을 이루려면, 구분해 놓는 것부터 시작했다.

항상 환웅에게 사람이 되게 해달라고 빌므로

환웅이 기도를 들어준 이유는?

　　환웅은 곰과 호랑이 부족을 불쌍히 여기었고 곰과 호랑이 부족 역시 신시에 사는 천사들. 즉, 사람처럼 되고 싶어 환웅에게 빌었다. 환웅이 아래 세상을 가고자 하는 바를 아버지 환인이 들어 준 것처럼 환웅 역시 곰과 호랑이 부족의 기도를 들어 준 것이다.

인간은 본디 본성에 더해서 내적 본성은 천사처럼 살고 싶은 욕심을 가지게 되었다. 환웅은 인간에게 사람이 되고 싶은 욕심을 마음껏 부리라 한다. "금욕하라! 욕심부리지 마라!"는 것이 아니다. 인간은 조화에 대해 욕심을 가지고 살아야 하고 본성은 그 욕심을 이루기 위해서는 노력을 해야 한다. 조화에는 욕심이 없고 지금 상황에 만족하면, 지금보다 나은 삶을 살 수 없다. 함께 즐거이 그 평안을 이루어 가자고 말씀하고 계신다. 함께 질서와 관계의 이치를 지키려는 그 욕심을 이루면 천국 될 수 있고 진정한 평안을 가질 수 있다고 희망을 주신 거다.

그려! 이 욕심 없는 사람 없더라.
천사가 되게 해 달라는 것이 인간의 내적 욕심이고 기도다.
욕심이 희망이기에 들어주신 거 아닐까?

환웅이 말하는 인간과 사람

지금까지 인간(人間)이란 사람과 사람의 관계를 말했었지만 여기서 '사람(人)'이란 단수로 처음으로 등장한다.

곰이나 호랑이나 모두 개인별로 사람(천사)이 되고 싶다는 의미이다. 진리를 배워 천사처럼 살고 싶은 개인의 욕심을 보고 환웅은 인간을 개별로 구원할 수 있다는 가능성을 본 것이다.

그나 저나 구원은 각자 욕심내기 나름이네.

대신 해주거나 도와 줄수 없다는 말이구나.

우리는 흔히 사람을 비하하는 욕을 할 때가 있다. "사람이면 다 사람인 줄 아나?" "저게 사람이냐?"는 사람이 갖추어야 할 윤리나 도덕을 모르는 모양만 사람이라는 말이다. "저 인간은 인간도 아니야!" 인간보다 못한 동물 같은 행동을 한다는 뜻이다. "개보다 못한 놈!"은 동물보다도 못한 놈이라는 뜻이다. 이런 소리는 듣지도 말고 하지도 말았으면 좋겠다.

쑥과 마늘을 먹으면서
백일동안 햇빛을 보지 말라고 일렀다

환웅은 사람으로 변하기 위해서 세 가지 조건을 지켜야 한다고 말했다. 왜 또 3이야? 3이 아니면 말이 안 되네.

첫째는 먹을 것은 마늘과 쑥분

쑥과 마늘은 곰과 호랑이가 먹지 않던 음식인데 이 두 가지 식물만 먹고 견디라는 것이다. 같은 굴에서 서로 잡아먹거나 먹힐 수 있는 곰과 호랑이인데 말이다. 지금처럼 살려면 죽거나 죽이거나 둘 중 하나가 될 수밖에 없다. 불안, 초조, 긴장 등의 상황에 마늘과 쑥이라는 듣도 보도 못한 새로운 먹이를 먹고 둘 다 살 수 있다고 방법을 제시한 것이다. 새로운 먹을거리도 있으니 서로 평안한 관계로 살아 보라고 알려 준 것이다. 먹는 방법은 둘이 마늘과 쑥을 나누어 먹거나, 하나씩 먹거나, 교대로 먹거나 며칠 간격으로 먹거나 먹는 방법은 둘이 찾아보라는 것이다.

지금 당장 죽을 것 같은데, 이놈의 원수를 피할 수 없는데, 쑥과 마늘이 아니라 저놈 때문에 죽을 것 같다. 인간의 내·외적 본성 간에 갈등이 생긴다.

인간의 본성을 바꿀 수 있다면 함께 살 방법은 있다.

둘째는 백일이라는 기간이다.

백(百)이란 의미는 '수의 100'과 뜻으로는 '모든, 완전'이라는 의미가 있다. 100일이라는 기간은 모든 것이 이루어지는 때를 의미하는 것 아닐까? 곰과 호랑이가 느끼는 순간, 순간의 갈등을 100일 동안을 견디고 극복한다면 그때가 되어서야 상대에 대한 믿음과 스스로에 대한 믿음이 생기게 되고 진정한 신뢰 관계가 형성될 수 있다는 것을 알려 준 것이다. 그때를 기다리라고 알려 준 것이다. 내가 저놈을 믿을 수 있을까? 저놈도 나를 안 믿을 것 같은데? 백번을 넘게 의심을 해서 믿을 수 있게 될까?

마음과 행동을 일치시킬 수가 있으면 얼마나 좋을까? 백일이라는 기간은 마음과 행동을 온전히 일치시키기 위한 시간을 말하는 것 같다. 인간의 본성과 이성 사이에서 이성을 믿을 수 있는 경험의 기간이 필요하다고 말씀하신다.

열매가 맺혔다고 바로 먹을 수 없다. 비바람과 햇빛과 시간이 흘러 자라고 익어야 먹을 수 있다. 익을 때를 기다려야 한다. 하물며 사람이 될 때까지 기다림은 쉽지 않겠지.

나를 스스로 믿어주고 내가 남을 온전히 믿는다는 것이 얼마나 소중하고 아름다운가?

내게도 이런 도전을 할 수 있는 용기가 있을까?

사람 되기가 정말 쉽지 않구나.

셋째는 햇빛을 보지 말라

빛을 보지 말라는 것은 굴에서 나오지 말고 굴속에만 있으라는 것이다. 나를 죽일 수 있는 적이 어디서 무엇을 하고 있는지? 보이지도 않고 피할 수도 없는 막다른 골목이다. 이때 빛이 들어오는 탈출구가 있지만 나가고 싶어도 참고 견디라 한다. 탈출구로 나가는 순간 과거의 인간으로 돌아가게 된다. 현실에 안주하는 편안함을 추구한다면 사람이 될 필요가 없기 때문이다.

굴 안에서 보는 빛은 100일간의 고통에서 바로 해방되는 유혹의 빛이다. 진짜 햇빛이 아니다. 익숙한 생활 습관의 유혹을 물리쳐야 사람이 변화할 수 있다는 것이다. 진짜와 가짜를 구별하고 유혹을 뿌리치는 능력을 갖춰야 한다.

본디 인간의 본성은 수단과 방법을 가리지 않고 내가 편하고 싶은 욕심이 있다. 인간이 사람이 되기 위해서는 죽을 것 같은 절박한 심정으로 새로운 방법들을 찾고, 서로 믿을 수 있는 선한 관계를 맺어, 내 욕심을 깨끗이 하고 유혹은 피해야만 계속 사람으로 살 수 있다. 이 모든 것을 스스로 선택해야 한다.

행복과 불행의 선택은 내 몫이다. 그래~ 다른 건 몰라도 유혹은 뿌리치지도 이기지도 못하니 피해 보자!

쑥·마늘과 백일의 굴속 생활

잡아먹을까? 먹힐까?

저 녀석 믿을 수 있어?

저 녀석도 믿어줄까?

믿는 놈이 바보! 못 믿는 놈이 병신!

믿을 구석이라도 있어야지! 보고도 못 믿어!

믿는다는 것이 참 어렵다.

나를 보여주고 너를 알아야 믿을 수 있다.

뭘 보여주고 뭘 근거로 믿을 수 있나?

믿으려면 먼저 보여줘라.

거짓은 절대 안 된다. 거짓은 악의 씨앗이다.

차라리 거짓보다는 조금 감춰라.

먼저 보고, 나중에 보여 주려 하지 마라.

불신의 씨앗이 될 수 있다.

상대가 안 믿어도 손해 볼 것 없다.

나도 그 사람을 믿어야 '될까? 말까?'를 알 수 있으니까.

믿을 사람은 하나가 아니다.

우리를 보는 또 다른 사람도 있다.

또 다른 사람들이 나를 믿어도 된다 생각해 줄 수 있다.

다른 사람이 믿음을 전파하는 씨앗이 된다.

나 스스로가 믿어지는 때가 자유로워지는 때다.

그러므로 보여주는 것을 망설일 필요가 없다.

안 만나고 싶고, 함께 하기도 싫은 진상 같은 상사가 있다.

그런데 벗어날 길이 없다. 목구멍이 포도청이니. 내 힘으로 상사를 바꿀 수 없으니 상사 스스로 변하게 해야 한다.

"지시대로 했는데 이런 문제가……", "한 수 부탁드립니다", "와우~ 이런 방법이!", "역시 최고!", "감사합니다" 등 돈 안 드는 침 발린 칭찬과 존경의 표시를 자주 하면 된다. "이 자식이 미쳤나~" 하도록. 자주 하다 보면 정말 좋은 점도 보이겠지. 자기보고 잘났다고 하는 데 싫어할 사람 없다. 마찬가지로 내 본성을 내가 잘 바꾸고 있다고 칭찬해 보자.

아첨일까? 겸손일까?

나도 나에게 그사이 길을 걸어 보자.

신은 곰과 호랑이에게 사람이 되는 법을 알려 주었다.

인간이 인간의 본성을 다스리는 방법이다.

지난번에는 싸우지 않게 하려고 곰과 호랑이를 분리했는데 이번에는 사람이 되라고 한군데 몰아넣는 방법을 택했다.

온전한 사람이 되려면 배고프고 두렵고 절망적인 상황에서 인간의 내적·외적 본성을 다 바꾸어야 한다고 말씀하신다.

사람 되는 법

(삼국유사에 기록되지 않은 이야기)

사람이 되려면

태백일사 신시본기[4] 에는 다음과 같이 기록되어 있다.

> "환웅은 이에 신의 주문으로 뼈를 바꾸고 정신을 옮기고, 신
> 기 있는 것으로 영혼을 깨우게 하였는데 그것은 쑥 한 다발
> 과 마늘 20매였다"

이에 그들에게 계율을 주고 이르기를,

> "너희 무리가 그것을 먹고 백 일 동안 햇빛을 보지 않으면
> 스스로 행하여 참됨을 이루고, 사물을 그대로 받아들여 만
> 물을 구제하고 사람의 모습을 얻어 사람들이 지향하는 형상
> 의 큰 인물이 되어갈 것이다" 하셨다.

---

4) 태백일사 신시본기 7 조선개국

인간을 사람으로 바꾸기 위해 '이렇게 하세요' 신의 주문은 육체와 정신을 옮기라는 것과 영혼을 깨워야 하는데 신의 기운이 있는 물건이 쑥과 마늘이다"라 하신다.

지금의 논리로도 육체와 정신과 영혼의 신비로움을 설명하기가 참 어려운데 신은 어떻게 영혼을 깨우고 뼈를 바꾸고 정신을 옮기는 방법을 아셨을까?

신이 인간을 창조했기 때문일까? 아니면 신이 인간을 알고자 했기 때문일까?

사람이 되게 하는 주문

호랑이와 곰이 주문을 지키면 이런 사람 된다고 하셨다.

스스로 행해야 할 것은 육체를 바꾸고, 정신을 옮기고, 영혼을 깨우는 것을 말하며 그리하면 참됨[진(眞)]을 이룬다"고 하였다. 그리고 보니 참[진(眞)]은 세상 만물이 만들어지고 성장하다 사라지면 새것이 만들어지는 무한 반복과정에서 조화라 했는데. 나 스스로 육체를 바꾸고, 정신을 옮기고, 영혼을 깨우면 내가 조화롭게 계속 새롭게 변해서 새로운 인물이 된다는 것이네.

사물을 그대로 받아들여 만물을 구제한다면, 인간도 사물의 하나이니 내가 사는 과정을 그대로 받아들여 배우고, 도움 주고, 도움받아, 내가 변해서 서로 가르치고 구제하라는 것으로 사람의 모습이 되어 사람이 지향하는 큰 인물 즉, 천사가 되어가라 하는 것 아닌가?

세상 만물과 인간을 이롭게 하는 것이 신의 욕심이니까. 아~하~ 신의 욕심을 함께하는 것이네. 그러면 사람의 모습이 되는 것이고 인간들이 배우고 닮고자 하는 천사가 되는 것이 아닌가? 신의 의도를 알고, 스스로 신의 의도를 실천하며 사는 것이 영혼이 있는 사람이라 하는구나.

운동장에서 많은 아이가 놀고 있다. 부모는 그 많은 아이 중에 자기 자식은 한눈에 알아볼 수 있다. 어떻게 알아볼까? 부모는 자식을 위해서는 육체와 정신을 옮기는 것과 영혼을 깨우는 세 가지 조건을 다 해줄 각오가 되어 있기에 언제, 어디서라도 알아볼 수 있다.

우리는 이미 자식에 대해서는 영혼이 깨어 있는 것이다. 단지 그 영혼을 나와 남을 위해 깨어 보겠다는 각오가 없기에 영혼이 없다고 생각한다.

영혼을 깨우는 수단, 마늘과 쑥

『본초강목』에 쑥은 인간 형성과 관계가 있으며 마늘은 수성(獸性: 동물의 성질) 제거에 효험이 있다고 설명하고 있다. 쑥은 항산화 작용 및 노화 방지, 면역력 증강 등에 효과가 있으며 특히 쑥의 '시네올' 성분의 효과는 부인병 예방과 폐 기능 강화에 좋은 효험이 있다고 알려져 있나. 마늘은 세계 10대 건강식품에 등재될 정도로 유용한 식물로서 '알리신' 성분은 살균작용과 면역력 강화에 효과가 입증되는 등 동서양 모두 건강식품으로 사용되고 있을 뿐 아니라 드라큘라를 막기 위해 마늘 십자가가 등장하는 것처럼 문화적으로도 악을 제압하는 상징물로서도 등장하고 있다.

우리 민족은 예로부터 마늘과 쑥은 액을 물리치는 힘이 있다고 여겼다. 고조선 건국 이전인 환웅 시대에 이미 마늘과 쑥의 효험을 말하고 있다.

쑥 한 다발과 마늘 20매의 신기로움은 뭘까?

신만이 가지고 있는 기운! 신기(神氣)! 인간의 능력으로 절대 할 수 없는 능력! 전지전능하고, 공의로 다스리며, 무궁무진한 신의 능력 중에서 신의 능력 중의 하나를 인간이 가질 수 있다고 한다.

인간이 그 신의 기운을 사용하면 함께 살기 위해 새로운 방법을 찾을 수 있고, 믿지 못하는 상대가 믿어질 때까지 기다릴 수 있으며, 온갖 유혹을 이길 수 있다는 것이다. 기껏 쑥 한 다발과 마늘 20매로 말이다.

와! 인간이 얼마나 놀랐을까?

영혼을 사용하면 공존과 상생할 수 있는 능력이 생겨나게 된다. 그 영혼을 깨우려면 마늘과 쑥만 먹고 100일 동안 같은 굴에서 원수와 같이 살아야 하는 절박하고 처절한 몸부림의 수련이 필요하다는 것이다.

쑥은 곰을 여자로 변화시키는 요인으로 곰은 땅의 음 기운을, 마늘은 동물적 성질을 제거시키는 요인으로 하늘의 양 기운을 상징한다. 쑥과 마늘은 인간의 동물적 본성을 변화시키는 약일까? 아니면 음양 조화의 촉진제일까?

이제 나를 위해 쑥 한 다발과 마늘 20매를 먹어볼 만하지 않을까?

곰은 이를 지켜 삼칠일 만에 여자가 되었으나

곰이 여자로 변하는 과정은?

곰은 어리석고 잘난 체하고 조화되기를 받아들이지 않는 고집불통의 성품이지만 사람이 되겠다는 욕심과 고집으로 여자가 되었다. 환웅은 사람이 되기 위해서는 100일이 되어야 한다고 했다. 그런데 삼칠일 만에 여자가 되었다. 지금 계산대로라면 곰은 삼칠일(3×7=21일)을 견디고 21%짜리 사람이 되어 완진한 사람이 되기 위해서는 79%가 부족하다. 뭔가 이상하다. 왜 환웅은 3과 7의 주기로 계산했을까?

"곰이 100일을 지켰다" "아니다 삼칠일(3×7=21일)을 지켰다"하는 의견들이 있다. 태백일사 신시본기[5]에는 **"이것을 먹고 3.7일을 금기(禁忌)하고"** 라고 되어 있다. 무엇을 금기(마음에 꺼려서 하지 않거나 피하다)하라 했을까?

내가 만약 곰이라면 마늘 20개와 쑥 한 다발을 먹고 100일을 어떻게 견디었을까? 옛 도량형 기준을 보면 장년 남자의 한 뼘과 양손에 담기는 곡물량을 기준으로 삼았다. 한 단은 작은 채소의 통상 20개 묶음을 말한다. 한 다발은 성인 손으로 쑥을 잡았을 때 약 20줄기가 된다. 그러면 쑥 20줄기로 가정하고 마늘은 20개라 했으니 매일 각각 한 개씩 먹는다면 20일을 견딘다. 나머지 80일을 굶어야 한다. 살 수가 없다. 마늘이나 쑥 한 개를 먹고 1일을 견딘다면 40일을 견디고 60일을 굶어야 한다. 이 방법도 살 수 없다. 마늘이나 쑥 한 개를 먹고 2

---

5) 태백일사 신시본기 7 조선개국

일을 견딘다면 80일을 견디고 20일를 굶어야 한다. 만약 20일을 나누어 굶는다면 가능성이 있다.

기록대로라면 3자와 7자가 들어간 날에 금기했다고 한다. 매 3일과 7일에는 꺼리고 피해 추가로 굶었다면 100일이면 20번을 나누어 굶을 수 있다. 100일이 넘는 21번이 되면 마늘과 쑥을 먹지 않아도, 굶지 않아도 신처럼 영혼을 깨울 수 있게 된다. 그래서 곰은 21번 견디고 여자가 된 것이다.

3이 들어간 날은 삼신. 즉, 신의 의도인 빛과 음양의 기운이 작용하는 원리를 알고, 마음과 행동을 일치하여 영혼이 있는 사람이 되겠다고 반복해서 인간의 본디 내적 욕심을 수양하라는 것이 아닐까?

7일이 들어간 날은 본디 인간의 어리석고, 잘난 체하고, 괴팍하고, 조화되기를 바라지 않는 고집과 탐욕스럽고, 잔인하고, 약탈을 일삼는 7가지 성품을 매일 한 번씩 줄여라, 삼가라, 굶어라, 부리지 말라, 하시는 것 아닐까?

욕심과 7가지 성품을 하루는 약을 먹고 견뎌보고, 하루는 약을 먹지 않고 견디어 보고, 이틀을 약을 먹지 않고 견디어 보고를 20번 반복해서 견디는 수양을 하지 않을까? 하고자 하는 욕심과 금해야 할 냉철함을 신의 의도에 맞게 해야 할까, 말까를 마늘과 쑥을 먹으며, 굶으며 생각해 보는 시간이 아니었을까? 인간의 본디 성품을 수양하라는 것이 아닐까?

결국, 사람이 되겠다는 욕심은 해야 할 것과 금해야 할 것을 판단하는 능력을 갖추게 하고 본성을 이성적으로 변화시켜 영혼이 된다고 말씀하신다. 욕심은 사람이 될 수 있는 긍정과 가능성으로 나쁘거나 금할 것이 아니다.

우리 민족사의 기원은 웅녀의 욕심을 통해서 오관이나 본능이 아니라 '생각하는 힘' 즉 '철학을 가지는 것부터 시작했다.

삼칠일의 비밀

(삼국유사에 기록되지 않은 이야기)

사람에 대한 3의 비밀

신이 음양과 빛의 기운으로 세상 만물을 다스린다면 삼신제오본기에 의하면 인간은 삼식[6](三識: 靈(영), 智(지), 意(의))이 사람을 다스리며 그 영향으로 정신(精), 몸(身), 촉각(觸)의 조화로 인간의 행동으로 나타난다는 사상이다.

단군세기에 인간의 삼신에 대한 내용이 나온다.

> 무릇 사람의 성품이라는 것은 하늘의 조화의 신이 내려와 나의 성품을 이루지만 땅의 기가 밝게 빛나며 어둡지 않을 때를 참 성품이라 하고 신의 성품과 기가 잘 조화되어 합쳐진 후에 나의 진정한 성품을 알 수 있다고 하였다. 그렇기 때문에 그 성품은 하늘의 이치와 같이 해야 하고, 삶은 세상의 기운과 같이 해야 하며, 그 정신은 모든 목숨 있는 것들과 그

---

6) 삼신제오본기, 단군세기 요약(저자)

업을 같이 한다는 의미다. 이 원리는 성품과 땅의 기운이 나
와 조화되는 하나의 과정으로 반복되는 것이 삼신 일체의
사상이라고 했다.

따라서 성품과 나의 정신이 잘 어울려 마음과 기와 몸도 존재하게
되고, 감(感), 식(息), 촉(觸)이 잘 어울리면 바로 신이 되는 이치이니 스
스로 바르게 하여 현재의 모습에서 바꾸어 나가는 것이 나를 알아가
는 과정이라 하였다.

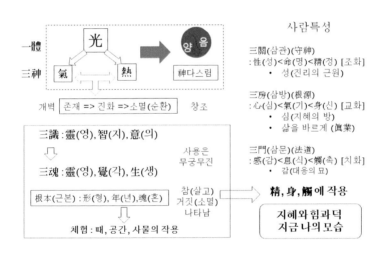

아리랑은 구전으로 전승되고 재창조되어 온 한국의 전통 민요이다.
장단·박자·가사가 서로 다른 수많은 아리랑이 한국은 물론 세계 곳곳

에 우리 민족이 사는 곳에서 그 맥을 이어오는 우리의 가락이다. 가락은 다양하나 대체로 푸념, 넋두리, 서러움, 애달픔, 원한을 불러일으키는 가사와 감정 등의 음의 가락이 있는가 하면 밀양 아리랑처럼 "아리아리랑 스리스리랑 아라리가 났네에 아리랑 어헐시구 아라리가 났네." 하고 신명 나는 양의 가락도 있다.

'아리랑'의 어원에 대해서는 '아리랑(我離郞)' 즉 나를 떠나가지 말라는 애원하는 의미나. '아리'는 '곱다'라는 뜻의 옛말이고 '랑'은 '님'을 가리켜 고운 임이라고도 하며, 의미는 없고 흥을 돕고 음조를 메워 나가는 구실만 할 뿐이라고도 하는 등 다양한 의견들이 있다.

하지만 나는 이렇게 해석하는 분들의 생각에 동의 한다.

　나 ㅣ애(我), 알 리/다스릴 ㅣ리(理), 빛 밝을 ㅣ랑(娘) 즉 아리랑이다.

나를 알아가는 과정을 즐거워하자.

내가 환하게 사는 것을 즐거워하자.

이 의미를 생각하고 「경기아리랑」을 불러보자

아리랑 아리랑 아라리요~ 아리랑 고개로 넘어간다.

나를 버리고 가시는 님은~ 십리도 못 가서 발병 난다.

나 ㅣ애(我)를 버리고 가시는 님은 발병(發病) 난다고 한다.

나를 버리면 사람이 되지 못한다 하는 것이 아닐까?

또 다른 가락들은 이렇게 살고 싶어 하는 아리고 쓰린 처절함의 가락이 아닐까?

인간이 사람이 되기 위해서 마늘과 쑥으로 신의 능력인 영의 기운을 얻어 환한 밝은 지혜와 100일간의 수련을 통해 인간의 의지를 다스리게 되었다.

첫째는 영(靈)은 신처럼 살 방법을 찾는 것으로 사람이 추구하는 정신이며,

둘째는 지(智)는 그때 맞게 행동할 줄 아는 것으로 몸으로 실천하는 방법이며,

셋째는 의(意)는 온갖 감각의 유혹에서 자신을 스스로 지킬 줄 아는 것이다.

그러니까 인간이 사람이 되면

영(靈)은 세상과 인간을 이롭게 하고자 하는 신의 의도는 사람만 알고 있다.

지(識)는 그 즐거움을 가지고자 하는 욕망도 사람만 가질 수 있고

의(義)는 옳은 말과 감정과 행동도 사람만 선택할 수 있다.

이 세가지가 달라진다는 것이다.

아무리 설명을 해 주어도 체험해 보지 못하면 제대로 이해하지 못하는 것처럼 체험하는 그때가 되어야 이해가 된다. 이해가 되는 만큼 의지가 생기는 것이다. 아무리 설명해도 이해 못 하면 기다림도 한 가지 방법이 된다.

음~ 사람이 되면 영으로 의지를 다스려 선·악을 선택할 수 있는 능력이 생긴다는 말이네.

7의 비밀

아래 세상은 자연 상태로 인간은 자연의 작은 한 부분일 뿐이다. 인간은 자연 없이 살 수 없는 존재로 인간이 자연의 구성요소로 자연의 질서에 조화되고 적응해야 살 수 있다. 자연은 태양과 달의 공전에 따라 불과 물, 식물, 물질, 토양이 변하고 그 영향을 받아 각종 생명체가 탄생하고 성장하고 번성하다가 멸종되고 새로운 생명체로 탄생한다. 인간이 아래 세상을 구성하는 모든 다섯 가지 요소(수, 화, 목, 금, 토)를 변화시키는 하늘의 두 가지 요소(일, 월)를 더한 일곱 가지를 매일 번갈아 가며 감사 제사[7]를 드린 것이 일주일이다. 지금도 전 세계가 달력에 일주일을 사용한다.

---

7) 태백일사 신시본기 7, 신시의 시대에 칠회제신지력(七回祭神之曆/ 7회 동안 신께 제사 올리는 역법)이 있었다.

본디 인간의 어리석고, 잘난 체하고, 괴팍하고, 조화되기를 바라지 않는 고집과 탐욕스럽고, 잔인하고, 약탈을 일삼는 7가지 본성을 진리의 빛에 의해 하고자 하는 즐거움과 욕구의 영향에 따라 본성이 나타나고 성장하고 사라지고를 반복하며 점차 새로운 본성을 가진 인간에서 사람으로 변화하게 된다.

이것이 종교에서 이야기하는 수행이고, 회계이고 도가 아닐까? 그 결과가 부처, 신선, 거듭남, 선비가 아닐까?

절에서 3신각과 7성각을 볼 수 있는 이유는 불교가 들어오기 전에 있었던 신인 환인, 환웅, 단군을 인정하고 그 후에 부처님을 모신 것으로 생각된다.

7은 인간의 성장 과정과도 연관 있다

여자가 임신하면 7주까지는 태아의 성은 여성뿐이고 8주가 되면 남녀로 구분된다. 이때부터 여자는 7년 주기로, 남자는 8년 주기로 성장이 다르다. 280일(40×7)이 지나면 해산하고, 해산 후 21(3×7)일 동안 몸조리를 하며, 아기는 100일이 되면 축하 잔치와 방문과 외출이 시작된다. 어? 새끼 곰이 굴 밖으로?

1. 사춘기는 태아 때부터 7살까지로 아이는 임신부터 3살까지는 엄마와 한 몸으로 알지만 4살부터 7살까지는 엄마와 구분된 사실을 알고 다른 사람과 사는 방법을 터득하게 되면서 자기 개성을 가지게 된다. 이때 다른 사람과 사는 방법의 경험이 평생의 인성의 가치관이 되어 교육에 가장 중요한 시기다. 세 살 버릇 여든 가는 이유가 이것이고, 미운 일곱 살인 이유도 같다.

2. 사춘기는 여자는 14(2×7)살이 되면 생리를 하고, 남자는 16(2×8)살이 되면 몽정을 시작하며, 21(3×7)살까지는 이성에 관심을 두고 어른이 되기 위한 배움의 시기다. 눈은 보고 싶은 것만, 귀는 듣고 싶은 것만, 입은 하고 싶은 말만 말함으로써 자기만의 개성을 나타내려고 한다. 저마다의 개성이 살아나는 시기로 꿈을 꾸는 시기다. 꿈속에 있기에 단지 옳고 그른 가치관을 보여주고 경험으로 배우게 해야지 강제로 바꿀 수 없는 시기다. 당연한 현상이고, 아무도 이길 수 없는 시기다.

3. 사춘기는 장년기로 여자는 28(4×7)살부터, 남자는 32(4×8)살부터는 결혼과 자녀를 낳고, 35(5×7)살에는 인생의 변곡점으로 사회생활의 기본을 익히고, 42(6×7)살까지 질서와 조화의 중요성을 알고 주축이 된다.

4. 사춘기는 어른의 시기로 49(7×7)살이 되면 여자는 폐경기에, 남자는 56(8×7)살이 되면 권태기로 육체적으로는 약해지지만 56(8×7)살에는 다양한 경험을 통해 나름의 지식이 정립되고 63(9×7)살까지는 정신적으로 지혜가 완성되어 가는 과정이다. 그래서 노인을 고집 세다고 하지만 그분에게는 평생의 지혜이다.

인간의 육체적 성장 과정이 7년 주기로 변화하듯이 정신적 가치관과 보는 관점도, 관계도 변해간다. 예를 들면 성(性)에 대해 말하라고 하면 10대는 외모에, 20대는 성에, 30~40대는 사회적인 기준에, 50대 이상은 윤리적 도덕적 기준에 더 많은 관심이 있는 것처럼 세대의 관점을 이해하고 그에 맞는 가르치는 방법과 소통이 필요하다.

80대 어르신들은 "그때가 좋을 때다"라고 하시겠지.
노래 가사에도 있듯이
인생은 늙어가는 것이 아니라 익어가는 것이다.
익어가는 과정 중에 나는 어느 과정일까?
죽을 때가 환웅이 말한 100일이 아닐까?
죽을 때까지 사람으로 변하면서 사는 것 아닐까?

호랑이는 견디지 못하여 사람이 되지 못했다.

사람이 못 된 호랑이

호랑이는 탐욕스럽고 잔인하고 약탈을 일삼는 성품으로 사람이 되는 것보다 그냥 호랑이로 사는 것이 더 편하다고 생각해 사람이 되고픈 꿈을 포기해 사람이 되지 못했다.

호랑이는 본디 인간의 외적 성품만 가지게 된다.
인간은 내적 성품보다 외적 성품을 바꾸기가 어렵나 보다.
하고픈 마음보다 실천이 어렵다는 이야기다.

사람의 모습을 했다고 해서 모두가 같은 사람이 아니다.

본디 사람은

(삼국유사에 기록되지 않은 이야기)

태백일사 신시본기[8] 에는 다음과 같이 기록되어 있다.

> **"호랑이 부족과 더불어 곰 부족 양가 모두 얻어서 이것을 먹고 3.7일을 금기하고 스스로 수련에 힘써, 곰 부족은 배고프고 춥고 고통스러운 어려움을 이겨내고 하늘의 계율을 준수하고 환웅과의 약속을 지켜서 건강한 여자의 용모를 얻었다. 호랑이 부족은 곧 속이고 방만하여 삼가지 못하였으며, 하늘의 계율을 위반하고 끝내 하늘의 업무를 돕는 일에 함께 하지 못하였다"**

환웅은 곰과 호랑이 모두에게 원하든, 원치 않던 사람이 되는 방법을 알려 주었다. 그리고 그냥 바라만 보았다. 인간은 모두 사람이 되고픈 욕심이 있으니 둘 다 해 보라고 했겠지. 곰과 호랑이를 위해 해 준다면 추운 것은 감싸주고, 배고픈 것은 채워 주고, 고통스러운 것은 덜

---

8) 태백일사 신시본기 7 조선개국

어주면 되는데 환웅은 아무것도 해 주지 않았다. 견디느냐 마느냐는 자기 의지로 정하게 했다.

호랑이가 사람이 되기에 실패한 변명은 너무나 많다.

속인 것, 방만한 것, 삼가 못한 것을 왜 특별히 전하고자 했을까? 그 이유는 환웅이 그 세 가지로 "함께 할 것인가"를 결정했기 때문이다. 너도 속아보고, 방만도 해 보고, 삼가 못한 결과도 체험해 보라. 버림받는다는 결과 외에는 없다는 것을 알게 될 것이다. 그래서 계율을 알려 주었건만 선택은 네가 했다. 신과 세상이 사람이 못된 호랑이를 그대로 버리는 것을 호랑이 너는 그대로 받아들이라.

함께 할 수 있었으면 얼마나 좋을까? 정말 함께하고 싶었는데. 혹시 네가 돌아온다면 그때는 받아주시겠다는 말씀 아닐까? 사람 되는 방법은 네가 알고 있으니 우리가 기다린다. 외롭고 불안하다면 사람이 되어 오라 하신다.

결국 인간은 마음과 생각은 선하게, 착하게, 천사처럼 되고 싶은데 몸은 속이는 것, 방만해지는 것, 삼가하지 못하는 이 욕심을 이기지 못했다. 인간 스스로는 완전한 사람이 되지 못했다.

아하~ 이 세상에는 완전한 사람이 없는 것이 맞구나.

세 번째 한 일: 신들의 합작품

사람이 된 웅녀는 혼인해 주는 이가 없어 늘 신단수 아래에 와서 아이 배기를 빌었다. 그러자 환웅이 잠시 사람으로 변해서 혼인하고 아이를 배게 했다. 웅녀가 아이를 낳으니 단군왕검이라 일렀다.

사람의 욕심

사람이 된 웅녀는 혼인해 주는 이가 없어

사람이 된 웅녀는 곰의 어리석고 고집 강한 특성이 있어 함께 결혼하고자 하는 이가 없다. 홀로 살고자 하는 사람은 남을 믿지 못하거나, 두려워하거나, 혼자 편해지고 싶어서 하거나, 더 좋은 관계를 맺고자 하는 마음이 없거나 하여 혼인하지 않는 자기 어리석은 고집을 굽히지 않기 때문이다. 그들에게는 그만한 불완전한 현재만 있고 미래가 없다. 혼자서는 질서와 관계가 변화될 가능성이 없기 때문이다. 그래서 사람 인(人) 자가 두 사람이 의지해 기대고 선 모습을 그렸다.

천국은 혼자만의 천국이 없는 것처럼….

늘 신단수 아래에 와서 아이 배기를 빌었다

아이는

아이는 새로운 관계를 맺은 약속의 증거다. 부모의 꿈이 아이의 미래를 위해 살아가는 것으로 목적이 달라지고, 아이가 생기면 세상이 아이 중심으로 신세계로 바뀐다.

아이가 없는 때와 아이가 있을 때의 차이는 부모가 된다는 것뿐 아니라 내 부모, 형제가 모두 관계가 더해지고 역할이 달라진다. 아이가 없다면 나는 부모가 될 수 없고 할아버지 할머니도 될 수 없다. 부모님은 할아버지 할머니로 살아 볼 기회를 잃게 된다. 아이를 낳게 되면 부모도 되어보고, 형제도 되어보고, 할아버지와 할머니도 된다, 너무 많은 행복한 기회를 가질 수 있다.

기회는 꿈을 이룰 수도 있고 실패할 수도 있지만, 최선을 다해서 해보는 것 자체가 시간이 지나면 실패도 보람이고 성취이고 행복으로 바뀐다.

행복은 지금 있어만 주어도 좋은 것, 그대로만 해도 좋은 것, 그런데 지나고 보니 그때가 좋았던 것, 지나고 보니 행복이었으니 앞으로 지낼 것에 대한 기대를 갖게 하는 것. 자식의 꿈에 대한 기대와 그 꿈을 이루는데 내가 해야 할 일이 기대되는 것.

아이는 가장 행복한 꿈의 씨앗이 아닐까?

인간과 사람의 차이

곰은 여자로 변한 것에 감사하며 새로운 꿈 "아이 배는 꿈"을 가지고 환웅을 찾아왔다. 사람이 된 곰은 잊지 않고, 감사할 줄을 안다. 사람과 인간의 첫 번째 차이다.

인간인 곰과 호랑이는 자기를 위해 꿈을 꾸었지만, 사람이 된 웅녀는 미래를 위해 꿈을 꾸고 있다. 사람과 인간의 두 번째 차이다.

웅녀는 혼자라는 불안전한 관계를 바꾸기 위해 혼인을 통해 아이를 갖고자 하는 희망을 품고 함께 하고자 하는 방법을 찾는다. 사람과 인간의 세 번째 차이다.

아이는 감사함을 알게 하고, 꿈을 꾸며, 함께 새로 이루어 갈 사람이다. 환인에게 환웅이 순종해 인간들을 구원하는 꿈을 이루었다. 곰이 환웅에게 순종해 웅녀가 되는 꿈을 이루었다. 인간이 꿈을 이루려면 신의 섭리에 순종해야 한다. 아이는 부모의 조화로만 태어난다.

결혼하고 아이를 낳을 기회가 주어졌음에도 결혼하지 않거나, 결혼해도 아이를 낳지 않는다면 미래에 대한 꿈꾸기를 멈추고 완전한 사람의 삶을 이루는 기회와 권한을 포기한 것이 아닌가?

'아이가 태어나면 힘들게 살까 봐'라는 핑계로 말이다.
네가 편하자고 아이 핑계를 대지 마라.

감사를 표현하는 것이 제사다

신단수가 세 번 나온다. 환웅이 태백산으로 내려와 감사 제사를 드려 인간에게 보일 때, 곰과 호랑이가 사람 되게 해 달라고 빌 때, 웅녀가 아이 배게 해 달라고 빌 때,
제사는 인간과 신과의 소통 방법이면서 관계를 유지하는 방법이다. 제사는 '가르침을 배워 이렇게 이루겠습니다'하고 지금까지의 과정을 감사함으로 표현하고 이루는 과정에서 가르침을 되새기고 나의 새로운 문제를 신은 어떻게 했을까? 신과 소통하는 의식이다.
제사의 순서는 감사를 먼저하고 다음에 꿈을 말해 앞으로도 신과 함께 할 수 있는 좋은 관계가 되고 싶다는 거네.

최초에는 신에게만 제사를 드렸고, 그 후에는 지도자나 가르침으로

사셨던 분들에게 제사를 드렸다. 그리고 후에 낳아주시고 길러주시고 가르쳐 주신 것에 감사하고 존경한다는 의미로 조상들에게 제사를 드렸다. 그런데 조상에 대한 제사가 종교와의 대립하는 현상이 나타난다.

사실은 후손이 돌아가신 조상에게 감사하고 추모하면 될 것을 조상을 신의 반열로 올려 남들로부터 효자로 인정받고 싶은 후손의 잘못된 욕심이 문화를 종교로 혼동하는 결과를 낳은 것 같다. 조상은 신처럼 능력이 없으니 감사만 해도 되는데, 유교는 종교가 아닌데 말이다.

아무튼, 신과 대화를 하든, 조상과 대화하든, 사람과 대화하든 소통의 방법은 감사하는 마음으로 시작하는 것이 좋은 관계를 만드는 것은 맞는 것 같다.

부탁하는 사람과 듣는 사람

힘들거나 아쉬워야 사람은 부탁한다.
몰라준다고 원망하지 마라!
네가 아쉬움을 구체적으로 말 안 했다.
하고 싶은 것 말 안 하면 아무도 모른다.
신도 모른다!
자세히 아뢰라!

네 생각보다 더 좋은 다른 방법이 있을 수 있다.

도와주지 않는다고 원망하지 마라!

못 한다고 네가 말 안 했다.

내가 부족한 점이 이거, 저거….

말을 안 했다면 나를 믿지 못한 놈을 도와줄 사람은 없다.

부탁은 들어주는 사람 마음이다.

부탁하면서 좋은 사람, 나쁜 사람으로 평가할 이유가 없다.

도와주고 시험당하고 싶은 사람은 아무도 없다.

네가 원하는 방법만 너를 도와주는 방법이 아니다.

나도 내 방법도 있다.

넌 나보다 능력이 부족해서 부탁한 것 아닌가?

사람의 욕심

　시람의 욕심은 식욕(수면욕), 색욕, 재물욕, 명예욕, 영생욕 다섯 가지가 있다. 이 욕심의 기대감이나 성취도에 따라 감정과 태도가 다르게 나타나고, 다섯 가지 욕심의 가치관에 따라 인성이 달라지고 관계가 달라진다. 욕심을 서로 이롭게 하겠다는 방향으로 가져야 한다.

　살기 위해 먹거나, 죽기 위한 식욕이 아니라, 다음이 아니라 지금 함께 맛있게 먹을 수 있는 사람이 있다면, 지금 함께 즐길 수 있는 사람이 있다면 욕심이 채워진 것이 아닐까? 누구에게 자랑하는 이름이 아니라 지금 불러 주는 이들이 있다면, 지금 내 이름을 기억해 준다면 욕심을 이룬 것 아닌가?

　지금까지 채운 욕심을 버리면 새롭고 더 큰 욕심을 담을 수 있는 빈 그릇이 된다. 그 욕심을 가져보자.
　서로 만족하는 경우를 만들어 보자!
　서로 부족한 부분과 남는 부분을 알고
　충분하지는 않지만 주고, 받는 관계를 만들자!

남들이 부러워하는 것, 좋다고 하는 것, 많이 가지고 있다고 부자가 아니라 가지고 있는 짐 때문에 손발이 묶여 있는 불쌍한 사람이다.

웅녀는 만족했을까?

아니! 같이 살 수 있도록 해 달래서 살게 했더니만, 사람으로 만들어 달래요, 그래서 사람 만들어 주었으면 됐지, 또 애까지 만들어 달라고? 이런 미련곰탱이~ 욕심이 너무 많은 것 아니야?

욕심이 작은 등장인물은 호랑이가 아닐까? 자기 고집대로 해서 사람이 되지 못하고 쫓겨났으니 말이다. 고집대로 굴에서 나간 것은 만족할 것이고, 사람이 못된 것은 곰 때문에, 환웅 때문이라고 핑계 대고 불만하겠지.

웅녀가 되더니 새로운 욕심이 생긴다. 후에 환웅이 사람이 되어 단군을 낳았으니 만족했을까? 환웅과 함께 살면서, 단군을 키우면서 만족했을까? 아마도 끊임없이 더 좋은 것과 더 즐거운 것을 더 많이 하고 싶은 욕심을 또 가졌을 것이다. 그래서 사람의 욕심이 끝이 없는가 보다.

환웅은 웅녀의 끝없는 꿈을 모두 들어 주었을까? 화도 나고, 실망도 하고, 포기도 하고 싶었을 것이다. 이때를 대비해 환인이 준 천부인 3개를 사용하지 않았을까?

하나는 말 안 듣는 인간들 때문에,

두 번째는 마음대로 안 되는 자식 때문에,

마지막 한 개는 아내 웅녀 때문에 사용하지 않았을까 싶다.

불만은 가까운 관계에서 많이 생기는 것 같다.

진정한 욕심은 이롭게 하는 일을 불만 없이 들어줄 수 있는 능력을 갖고자 하는데 욕심을 두어야 하는 것이 아닐까?

즐거움과 욕심은 어떤 행동으로 나타날까?

내가 하고 싶은 것[즐거움(樂)]을 더 할 수[욕심(慾)] 있느냐?에 따라 만족하기도 하고 불만을 표시하기도 한다. 문제는 내가 하고 싶은 것을 스스로 더 할 수 있으면 가장 좋다. 하지만 나도 하고 싶은 것하고, 남도 하고 싶은 것을 더 하다 보면 서로 이해관계가 충돌이 생기고 불만이 생길 수밖에 없다. 혼자 할 수 없는 일이라면 더욱이 만족하기가 어렵다.

모두 욕심의 결과가 만족하기를 바란다. 내가 하고 싶은 것을 그 사람이 기분 좋게 다 해 주면 불만이 없을 텐데, 내가 원하는 대로 다 끝까지 만족시켜 주는 관계는 없다.

만족과 불만의 이유?

첫째는 '서로 좋은 관계가 되고 싶어 하는가?'를 알 때다.

사람을 만나기 전에 그 사람이 나와 좋은 관계를 가지고 싶어 할 것이라는 기대로 만나게 된다. 좋은 관계를 위해 서로 만나 인정하고 공정하게 대할 때는 만족하지만 서로 관계를 인정하지 않거나, 한쪽만 인정해서 불공정하다고 생각되거나, 무시하는 경우에는 불만이 생긴다.

두 번째는 '함께 해 줄 마음이 있을까?'를 알 때다.

함께 해 준다는 것은 서로 능력이나, 시간이나, 돈이나, 조언이나, 능률이나, 잡담이라도 무엇이든지 서로 나눌 수 있는 마음이다. 만족하는 경우는 내가 원하는 수준만큼 또는 내게 필요한 만큼, 또는 조금 부족해도 감당할 수 있는 만큼 주고받을 수 있으면 만족한다. 하지만 저 사람은 저렇게 주는데 왜 나에게는 이만큼이지? 하고 남과 나를 비교하는 경우나 필요 이상을 요구할 때, 또는 기대 이하의 작은 양을 주거나 거절할 때는 불만이 생긴다.

세 번째는 '주고받는 태도와 감정이 어떤가?'를 알 때다.

서로가 주고받는 과정에서 상대의 태도와 감정이다. 스스로 기분 좋게 주고받을 경우나 조금은 부족하거나 손해라 하더라도 수용하는 자세가 되었다면 만족한다. 특히 나를 위하는 '보호'나 '감사'로 인식되는 경우는 매우 만족한다. 싫은데 강제적이고 강압적으로 주고받게 하거나, 주지는 않고 받기만 하려 한다면, 또 나를 이용하려 한다고 생각되는 경우 불만이 생긴다. 특히 나 때문에 피해 보았다고 하는 경우는 더욱 불만이 크다.

결국, 욕심의 만족도에 따라. 서로의 마음을 아는 정도에 따라. 서로 감정과 태도와 행동이 달라져 관계도 달라질 수 있다는 이야기네.

인간의 10가지 행동의 형태[9]

인간의 행동은 통상 3가지 유형으로 나타난다. 불만인 경우, 만족할 경우, 그리고 좀 더 지켜보자는 경우다.

먼저 불만일 경우 상대를 대하는 태도의 유형들이다.

---

9) 저자 생각

첫째, 가해이다. 내 힘으로 남에게 해를 입힌다.
"내놔! 말로 할 때 달라니까! 그냥 확! 맞아야 말 들어"

둘째, 무시이다. 우월하다 믿고 남을 업신여기고 깔본다.
"너는 몰라도 돼! 네가 뭔데! 신경 쓰지 마! 어쩔 건데!"

셋째는 이기이다. 상황, 조건은 무시하고 내 권리만 주장한다.
"난 내 것만 주면 돼, 내 거 달라고! 내 거~ 몰라?"

넷째, 무관심이다. 서로 어찌 되든 될 대로 되라는 경우다.
"에라~ 모르겠다, 될 대로 되겠지, 귀찮아! 어쩌라고!"

불만인 경우는 불만의 원인을 남에게서만 찾고, 남을 해롭게 하거나, 자신을 학대하거나, 남이 불공정하다고 주장하고자 한다.

가해, 무시, 이기, 무관심을 신은 죄의 범위에 포함했지만, 인간은 무관심을 제외하고 모두 악행의 범위에 포함시켰고, 법은 또 이기심을 제외하고 가해와 무시만 범죄에 포함시켰다.

무관심과 이기심을 죄에서 제외한 인간은 신들보다 아량이 넓어서 일까? 아니면 무관심과 이기심을 가지고 싶어서일까?

반면 만족하는 경우 상대를 대하는 태도의 유형들이다.

첫째는 보호이다. 조건에 상관없이 약자의 약점을 보완한다
"위험해요! 내 손 잡아요"

둘째는 배려이다. 우세한 조건에서 약자에게 기회를 준다.
"힘들겠다. 여기 앉아요"

셋째는 양보이다. 같은 조건에서 우선순위를 사양한다.
"급하시면 먼저 기세요"
"이번에는 네가 먼저"

상대의 어려움을 생각하고 돕고자 하는 신의 마음이다. 신이 아래 세상을 구원하고자 가르쳐주고, 기회를 주고, 선택하게 한 것처럼 신이 걸어간 길로서 도의 범위에, 인간은 덕의 범위에, 법은 포상의 범위에 포함시켰다.

지금 도덕의 문화가 쇠퇴하고 있는 이유가 몰라서일까?
아니면 남과의 관계가 어색해서일까?
칭찬이라는 포상이 적어서가 아닐까?

그리고 좀 더 지켜보자는 기대하는 태도의 유형들이다.

첫째는 자기 발전이다. 자기의 부족한 점을 스스로 보완한다.
"그래, 나도, 너도 그 사람처럼 해 보자고"

둘째는 협동이다. 서로 협력해 서로 더 만족하고자 노력한다.
"같이 해요. 쉽고, 빨리할 수 있어요"

셋째는 봉사이다. 여러 사람의 부족함을 채워 주려 한다.
"필요한 분 가져가세요"

기대하는 경우의 태도는 관계와 질서를 더 좋게 만든다. 사람으로 당연한 행동으로 여겨 신의 의도를 실천하고자 한다. 이 모두를 신은 선의 범위에, 인간은 윤리 범위에. 그리고 법은 장려에 포함시켰다.

지금 도덕과 윤리를 가르치는 시간은 줄어들고 유교의 본산은 유적화, 관광지화 되어 가고 있다. 각종 장려금은 출산과 취업과 고용 등의 각종 명목으로 지급하고 있다. 우리 함께 천국처럼 잘 살기 위해 노력하는 사람들을 위로와 격려하는 장려가 아니라 최소한의 생존 유지를 위한 복지로 착각하게 하는 것이 아닐까? 법보다 위로와 격려의 문화가 절실하다.

사랑의 반대는 미움이 아니라 무관심이다. 관심이 없으면 관계와 질서도 없고 조화도 없다. 무관심은 아래 세상의 모습인 것이다. 다들 바쁘고 힘들고 어려워 남과 다툼의 여지가 없기를 바라지만 서로에게 관심이 없기를 바란다면 엄청 두렵고, 외로운 세상이 되리라는 것은 불을 보듯 뻔하다. 무관심은 아래 세상으로 가는 가장 빠른 길인 것 같다.

이기심은 다른 사람과 관계를 중요시하지 않는 인간의 본성을 가진 것이다. 우리가 싫다는 인간들이다. 이들은 우리가 품을 수도 없다. 남이 되거나 우리에게 되돌아오길 기다리는 수밖에 없다.

그런데 인간은 악행에서도 법에서도 이기심과 무관심을 제외했다. 우리는 지금 인간일까? 사람일까?

신과 함께

그러자 환웅이 잠시 사람으로 변해서

웅녀는 첫 사람으로 동물과도 다르고, 인간과도 다르고, 신과도 다르다. 환웅은 웅녀를 처음 보았고 웅녀를 알아야 신이 될 수 있었다. 환웅은 웅녀만이 가지고 있는 특성이 알고자 스스로 사람으로 변했고 사람의 특성을 알고 이치를 찾아 완전한 사람이 되는 방법을 가르치고자 사람으로 변했다. 완전한 사람으로 변하는 데 변수가 무엇인지 더 깊이 알고자 한 것이다. 신은 사람으로 변할 수 있으나 사람은 신으로 변할 수 없다. 할 수 있는 사람이 할 수 없는 사람을 도와주는 것이 이치다. 신은 당연한 것이 이치임을 또 몸소 보여 준 것이다.

웅녀는 혼자이다. 함께하는 이가 없다는 것은 관계가 없고 평안에 이르지 못하는 상태이다. 환웅은 웅녀가 비록 한 번에 완전한 사람으로 변하지 못했지만 완전한 사람이 되고자 하는 꿈을 가지고 있으니 구원해 주기 위해 스스로 낮추어 사람으로 변하신 것이다. 웅녀와 공감할 수 있도록 몸소 스스로 낮추어 사람만이 가지고 있는 3식(三識: 靈

(영), 智(지), 意(의)) 과 7정(기쁨·노여움·슬픔·사랑·미움·즐거움·욕심)을 공감하면서 하늘과 관계를 맺는 방법을 가르치기 위해서이다.

호랑이와 곰이 사람이 되기 위해 같이 굴에 들어가듯이 신인 환웅이 웅녀와 같이하는 두 번째 동굴 속 생활을 선택한 것이다. 겸손은 사람을 변하게 하고 스스로 신의 지위로 높이는 방법이 아닐까?

신과 인간의 차이

삼신[10]은?

신은 공의로 전지전능하고 시간 제약이나 감정이 없다. 반면에 인간은 아는 만큼, 살아있는 동안, 감정을 가지고 행동한다. 결국은 인간은 이치를 아는 만큼, 경험한 만큼, 내가 하고 싶은 감정으로 행동한다.

그래~ 인간은 알지 못하고, 경험도 없으면서, 주제도 모르고, 내가 하고 싶은 행동을 하는 것이 보통이다.

누구나 사람은 영을 맑게 하고 하늘의 이치를 배우고 마음을 바로 잡는 수양이 필요하다는 것은 다 알고 있다. 그런데 가르쳐 주는 분도

---

10) 삼신제오본기 요약(저자)

없고, 시간이 있어야, 환경이 되어야 배우고 경험하지. 그러니 이렇게 될 수밖에, 요즘 누가 수양이나 하고 있겠는가. 핑계가 많다.

칠정

아래 세상을 구성하는 수, 화, 목, 금, 토, 일, 월의 7가지 요소가 있듯이 인간의 감정도 구성하는 7가지 요소가 있는데 이를 칠정(七情)[11]이라 하며, 구성하는 요소 다섯 가지(기쁨·노여움·슬픔·사랑·미움)와 다섯 가지를 변화시키는 2가지(즐거움·욕심)를 더한 것으로 감정 7가지가 인간에 똑같은 원리로 작용한다.

본디 인간의 어리석고, 잘난 체하고, 괴팍하고, 조화되기를 바라지 않는 고집과 탐욕스럽고, 잔인하고, 약탈을 일삼는 7가지 본성을 하고 싶은 대로 욕심에 따라 내가 기뻐하고, 노여워하고, 슬퍼하고, 사랑하고, 미워하게 된다.

즐거운 것을 못 하게 하면 괴로움이고, 즐겁지 않은데 하라면 고통이다. 대부분 나의 즐거움을 채우고자 하는 마음을 갖는다. 그러나 아무리 내가 즐거워도 남을 해롭게 한다면 죄악이다. 사람이라면 이치에 맞는 내 감정표현과 행동을 해야 한다. 즐거움을 더 갖고 싶은 욕심이

---

11) 표준국어대사전, 사람의 일곱 가지 감정. 기쁨(喜)·노여움(怒)·슬픔(哀)·즐거움(樂)·사랑(愛)·미움(惡)·욕심(欲), 또는 기쁨(喜)·노여움(怒)·근심(憂)·생각(思)·슬픔(悲)·놀람(驚)·두려움(恐)을 이른다.

신의 진리에 맞게 감정으로 표현되고 전달되어야 한다는 것이다.

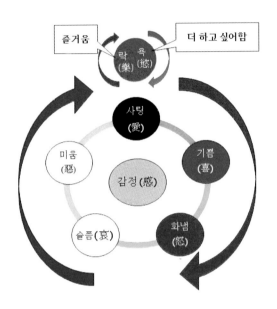

감정을 어떻게 표현해야 할까?

내 감정을 바로 알려주고 남의 감정도 바로 안다면 서로 감정을 공감해 오해나 갈등을 줄일 수 있다. 내 감정만 우선이라면 원래의 곰이나 호랑이와 다름이 없다. 그러나 우리는 내적 본성은 3×7일을 쑥과 마늘이라는 약의 도움과 100일의 경험과 감정변화를 겪은 곰의 후손이지만 외적 호랑이 본성은 실패했다.

사람은 온전한 질서와 바른 관계를 천사처럼 하고 싶어 하지만 막상 행동은 서툴 수밖에 없다. 그렇다면 조금은 서툴러도 서로 공감할 수 있다면 괜찮지 않을까? 외적인 행동이 서툴다 하더라도 표현해 주고, 내적인 감정으로 공감해 주면 되지 않을까?, 표현 안 하는 것보다는 좋지 않을까?

수시로 변하는 인간의 감정은 관계 역시 수시로 변화시킨다. 서로 관계를 이롭게 하는 방향으로 감정을 표현할 수 있다면, 감정을 제대로 읽어 서로 공감하면 참 좋겠다. 왜 화를 내고, 미워하고, 사랑하고, 애달파하고, 기뻐하는지 이해 안 되는 경우가 많다. 감정을 표현하고 보고 느끼는 공감이 달라 혼란스럽다. 왜 이렇게 되었을까?

내 생각은 감정을 이렇게 가르치고 공감했으면 좋겠다.

진리와 이치에 가까이 가면 즐거워해야 할 것이고
서로 꿈과 이상이 커질 수 있다면 욕심내야 할 것이고
혼자가 아니라 함께 할 수 있다면 사랑해야 할 것이고
내가 어떻게 할 수 없는 상황이라면 애달프다 할 것이고
서로 이롭게 되어 간다면 기뻐해야 할 것이고
잘못된 길로 가고 있다면 화를 내야 할 것이고
내가 게을러진다면 미워해야 할 것이다.

감정은 같은 상황에도 성장의 때에 따라 다르게 표현한다

일곱 살은 미운 7살이라고 한다. 자아가 성립되는 시기로 자기가 해 보고 싶은 것을 하려고 고집도 부리고 말썽도 일으킨다. 일곱 살의 그 모습을 보는 어머니는 아이가 말썽을 부린다고 화를 내며 못 하게 하도록 말리거나 가르치고 다스리려고 한다. 60세에 가까운 어른들은 귀엽고 당연하다고 느낀다.

아이를 지도하는 방법은 부모가 맞을까? 할아버지 할머니가 맞을까? 어른의 지도 방법은 바르게 자라게 하는 데 미치는 영향이 매우 크다.

아기가 뒤집기를 하거나, 서려고 할 때 모두 얼마나 기뻐했는가? 부모는 아이가 서도록 잡아주지 않는다. "섬마! 섬마!" 소리로 응원해 주고, 손짓과 발짓으로 아이가 다가오도록 앞에서 기뻐하며 기다려 주었다. 스스로 하려고 할 때 부모들이 해 주는 최고의 역할이다. 그런데 아이가 자라면서 무얼 하려고 할 때 못하게 한다거나 대신해 준다면 결국 아이는 자라서도 스스로 하지 못하게 된다. 우리가 부모에게 바라는 모습이 아니다.

나는 아이가 아플 것 같아서, 힘들 것 같아서, 다칠 것 같아서 등등. '이게 다 너를 위해서', '난 최선을 다했다' 하는 부모 욕심이지, 아이가 못 하게 된 것에 대한 부모의 책임회피와 핑계일 뿐이다. 혼자 서다가 넘어지고, 부딪히고, 아파하면서, 포기할 것은 포기하고 스스로 서는 방법을 터득할 수 있도록 안전한 여건 조성과 시범을 보여 지도와 격려와 기다림이 진정한 가르침의 방법이다.

사람과의 관계에서 감정 표현은 서툰 것이 당연하고 상대가 어떤 반응을 하는지를 경험해야 좋은 관계를 유지하는 방법이 무엇인지 알게 된다.

같은 상황도 욕심에 따라 감정이 다양하게 변한다

세월호 침몰 상황을 보면서 느꼈던 감정을 되돌아보면 침몰 되는 배에 탄 아이들을 구조에 함께하지 못한 것이 안타까웠고, 주변 어부들이 작은 배로 구조를 시작할 때 기뻐했고, 배와 아이들을 버린 선장과 선원에 대해 화가 나고, 아이들과 부모를 생각하면 슬프기도 하고, 즉각 구하지 못하는 구조대가 미웠고, 수많은 자원봉사자를 보며 사랑과 자랑스럽기도 했던 감정이 있었다.

같은 상황에 감정은 그때, 그때 상황에 따라 복합적으로 나타난다. 그 이유는 물에 빠진 아이들을 구하는 것이 인간을 이롭게 하는 역할이기에 모두 구하고자 하는 욕심을 만족시키지 못한 불만 때문에 노여움·슬픔·사랑·미움·기쁨 등으로 시간에 따라 상황의 변화에 따라 복합적으로 나타난다. 초기에 어부들이 구조하는 상황에는 기뻐하는 감정이 강했고 선장과 선원, 국가 기관들의 잘못이 밝혀질 때마다 화가 더 치밀어 오르는 것이었다. 애달파하고 미워해야 할 대상이 각각 다르다. 감정은 욕심에 따라 다르다. 한 가지 상황에도 여러 감정이 있는 것이 당연하다.

흥분한 저 사람, 지금 감정이 전부가 아닐 수 있으니
잠시 기다려 보는 것은 어떨까?

감정과 태도는 관계도 다르게 만든다

내 감정과 태도에 따라 상대가 달라질 수 있는 경우이다. 배가 고파 내 물건을 도둑질한 사람이 있다. 도둑질한 사람이 도둑질이 죄라는 것을 알고 반성할 때와 죄가 아니라고 할 때 등등, 도둑의 행동에 따라서 내 감정과 행동이 화를 내거나, 기뻐하거나, 슬퍼하거나, 애달파 하는 등 감정과 행동과 태도가 달라진다. 그리하면 도둑의 행동도 달라지고 나와 도둑의 관계도 달라진다.

내가 도둑과 어떤 관계를 맺고자 하느냐에 따라 감정과 행동이 다르다. 도둑을 잡을지, 도둑을 용서해 줄지, 도둑을 도와줄지 등 어떤 관계를 맺고자 하는 욕심이 감정의 적용에 갈림길이 되기도 한다.

한국인의 정(情)은 어떻게 설명할까?

특별한 관계도 아니면서 그냥 저 사람을 이롭게 해 주고 싶은 욕심으로 친절을 베풀어 주기만 하는 감정과 행동이 남을 행복하게, 친밀하게 느껴지도록 마음을 변화시키는 것을 정이라 하지 않을까?

하늘에 자손이 맞는 것 같다.

공감은 경험을 통해서만 가능하다

인간을 사람으로 만드는 방법은 '알게 하고 경험하게 하고, 변화하게 하는 것'이다. 알고 있는 것이라도 경험이 없다면 변화와 관계가 없다. 환웅은 곰과 호랑이에게 알려주고 여건을 만들어주고 기다려주는 방법을 적용했다. 인간과 인간의 관계를 조화롭고 이롭게 하려면 서로를 이롭게 하고자 하는 바른 마음과 실천의 경험이 필요하다. 경험은 공감을 위한 통로가 된다.

10대가 표현하는 감정과 40대가 표현하는 감정, 60대가 표현하는 감정은 공감의 정도나 의미가 다르다. 서로 간의 정신적 육체적 변화와 경험을 서로 이해하고 감정을 읽을 수 있는 마음이 있어야 공감은 높이고 갈등은 줄인다.

사춘기 작은딸에게 심부름을 시켰다. 눈을 똑바로 뜨고 "왜↘"라고 하기에 버릇없다 한마디 했다. 큰딸이 작은딸 편을 들면서 "왜~↗ 아빠는~"하고 한마디 한다. 소리가 크니 아내가 나오면서 "왜↑ 당신은~"라고 한다. 어이구~ 본전도 못 건졌다.

"왜"라는 말과 글은 같지만, 억양과 태도가 달라도 의미가 다르게 느끼게 되고 감정이 다르고 반응도 다르다. "왜?", "왜↑", "왜~↗", "왜↘~", "왜↘", "왜~"눈을 마주치고 말하는 것과 외면하고 말하는 것도 다르다. 그리고 윗사람이나 동료나 아랫사람에게 말할 때도 다르다. 높은 소리로 하거나 평소리로 하거나 작은 소리로 하거나 다르다. 한국어만 가지고 있는 특징 중 하나다. 세분화 되어 있다는 것은 서로 경우에 맞도록 해서 오해와 갈등이 없는 평안한 관계가 되기를 바라며 우리에게 조상들이 문화로 전해 주셔서이다.

웃으면서 하거나 평소 표정으로 하거나 찡그리면서 하는 것도 다르다. 손을 모으고 하거나, 손가락질하거나, 주먹을 쥐고 하면서도 다르다. 감정은 태도와 표정과 소리 등이 복합적으로 나타난다.

감정표현이 잘못 표현될 때 원래 목적과 다른 반응이 나오고 관계가 어려워질 수 있다. 그러나 요즘은 표현의 자유라고 해서 서로 해석이 달라 관계를 더 어렵게 하는 경우가 많아지고 있다. "왜?" 묻기만 했는데 듣는 사람은 어! 이것 봐라? 하고 생각한다. 무엇이 원인일까?

배가 고프고 아파봐야 배고픈 것과 아픈 것이 무엇인지 안다. 뜨거운 것에 데어 봐야 뜨거운 것이 무엇인지 안다. 다투기도, 화해도, 사과도, 용서도 해봐야 할 줄 알게 된다. 제대로 알고 서로 공감을 이루어야 바른 관계를 만들 수 있다. 경험이 아닌 보고서, 듣고서, 말로서, 상상으로서는 완전한 공감에 이르지 못한다.

네 살부터 미운 일곱 살까지 경험은 가장 좋은 교육 기회다. 아이가 마음껏 할 수 있게 하고, 그 속에서 평생을 가르쳐야 하는 것이 모두 다 있고 진짜 부모 역할을 할 때다.

아이가 하는 것을 부모가 한정하는 어리석음을 저지르지 말라. 네가 평생 고생한다.

세 살 버릇 여든까지 간다는 속담은 그때 부모가 경험 교육, 인성교육을 잘 시키라는 말이다.

천국의 조화와 질서는 한국인만의 효와 예절의 문화로 계승되고 있으니 이를 잘 가르쳐야 할 일이다.

인권

우리 민족은 인권에 대해 우수한 문화를 계승 받았다. 뱃속에서부터 한 살로 여기고 부모는 몸조심, 말조심으로 태아 교육을 시작했다. 가정에서는 효와 인성교육은 밥상머리에서 시작해 온 가족의 질서와 평안을 위해 촌수나 호칭 등으로 질서 문화가 정착되어 있고 상호존중의 표현인 존댓말과 예의는 우리 민족만의 일상이다. 가장 약하고 보호받아야 할 태아 때부터 사람으로 인정하고 부모의 보호 아래 교육을 시작했다. 인권은 사람다움을 인정하고 존중하는 교육에서 시작한다.

요즘은 인권을 보호한다면서 인권 문화를 망치고 있는 것 같다. 우리 민족이 인권을 존중하는 최고의 문화를 가지고 있었지만 2022년부터는 세계화니 표준화니 하면서 태아를 한 살로 인정하지 않겠다고 한다. 학생인권조례는 교권을 어렵게 하고, 각종 차별 금지법은 사람의 가치관을 훼손하는 등의 부작용이 존재하고 있다. 학생이, 선생님이, 장애인이, 성 소수자가 자기 역할을 하면서 조화를 이루려고 하면 되지 '나는 특별해, 내가 할 수 있는 역할이 아니다. 못 하겠다, 내가 하고 싶은 것을 보장하고 보호해 달라'고 떼쓰는 것은 아닌가? 하는 생각이 든다. 학생만, 여성만, 장애인만, 성 소수자만 인권이 있고, 선생님과 남성과 다수자의 인권이 없나? 차별과 역할을 잘못하는 인간을 규제해야지 소수자의 권리를 보장하기 위해서 다수자를 법으로 규제하기 시작하면서 무관심과 이기심이 죄악이 아닌 것으로 변질되어 가고 있다. 소수자의 주장이 인간을 이롭게 하는 것도 아니고, 인간을 해롭게 하는 것도 아니고, 서로 무관심하게 되자고 하면 아래 세상으로 가자고 하는 것이다.

환인이 인간에게 구분과 차별과 권리와 역할을 하는 명령의 이치를 알려 주었음에도 구분을 '사회적 약자'라는 말로 포장하고 있다. 평등의 이치가 친함과 소원함과 직책의 높낮이를 구분과 차별을 말라는 것이고, 남녀의 평등할 권리는 할 수 있는 것과 없는 것을 인정하고 권리를 보장해야 한다는 뜻이고, 역할은 능력에 따라 역할을 할은 할 수 있을 만큼 하라는 것이지 역할을 하지 말라는 의미가 아니다.

'우리'라는 사회는 관계와 역할을 하지 않는 인간은 우리에 속하지 않는다. 그르므로 할 수 있을 만큼 역할을 하지 않는 것을 문제 삼아야 하고, 해결책을 소수자나 피해자 입장만 고려할 것이 아니라 소수자의 주장이 인간을 이롭게 하는 방향으로 우리와 관계할 수 있는 역할을 공론으로 정하고 도덕적, 문화적, 사회적으로 역할을 하게 해야 할 것이다.

문화를 시대에 맞추어 바꾸어 가면 될 것을 '사회적 약자 보호'라는 명목으로 다수자를 법으로 통제하는 사항을 정해 그 결과가 인간을 이롭게 하고자 하는 다수자의 가치관과 문화가 죄악으로 여겨지고 있기에 안타까울 뿐이다.

행복을 낳다

혼인하고 아이를 배게 했다

혼인(婚姻)은 여자는 시집가고, 남자는 장가가는 일이다. 혼인은 지금까지 살던 집을 떠나 새 일가로 독립해 가는 길이다. 서로 다른 환경에서 살아온 두 사람이 그들만의 새로운 질서와 관계와 환경과 문화를 창조하는 것이다. 함께 사는 것이 지금보다 행복이 크다는 믿음과 확신으로 혼인을 한다. 그래서 부부는 눈을 미래를 보면서 같은 방향으로 맞춰가야 한다. 둘이 새로운 세상을 개척해 나가는 시작점으로 모든 사람이 부부를 한 몸으로 인정함으로써 부부뿐 아니라 양가 가족과 친지까지 새로운 관계가 만들어져 각각의 질서와 역할이 생기기 때문이다.

웅녀는 외적 본성이 미숙한 여자로 아이를 낳아 완전한 사람을 기르고 싶은 꿈을 가졌다. 웅녀의 꿈은 미래의 천국을 본 것이다. 그래서 환웅도 그 꿈을 이루려고 함께 하였다. 인간의 특성이 남은 웅녀와 함께 살면서 웅녀의 특성을 파악하고 부족함을 가르치면서 아이를 완전한 사람으로 만들고자 하였다. 환웅이나 웅녀 역시 이런 경험은 처음이다. 그래서 함께 경험하며 조화(造化)를 가르치는 방법인 교화(敎化)를 환웅이 선택한다.

웅녀가 아들을 낳으므로

웅녀는 아들을 낳으면서 세 번째 소원도 이룬다. 여자가 꿈을 품는 역할이이었다면 남자는 꿈의 씨를 뿌리는 역할을 했다. 웅녀는 아들을 낳으면서 어머니가 되어 천국의 범위를 미래로 넓히는 역할을 했다. 곰을 여자로 변하게 한 이유가 꿈을 꾸고, 자식을 잉태하고, 자녀를 낳아 미래의 꿈을 또 꾸도록 하는 것이 아닐까?

환웅은 어리석고 고집 강한 여자가 가질 수많은 욕심과 만족 여부에 따라 다양한 행동과 감정으로 나타날 것이 뻔히 알면서도 이를 이해하고 바로잡아 나아가는 스승의 역할을 하였다.

아이는 본성이 미흡한 사람과 100%의 신의 자식이다. 평균 약 60% 정도의 신이 될 조건을 가지고 태어났다. 아이는 보고 듣고 겪는 데로 배우고 익힐 것이다. 그 과정에서 고집 강한 어머니의 사랑과 이치를 가르치는 아버지의 가르침뿐 아니라 어머니의 어리석음 속에서도, 아버지와 어머니의 갈등 속에서도, 신과 인간 사이의 도(道)를 배우게 된다.

환웅은 어리석은 웅녀와 어린아이를 대상으로 아버지의 도를 세우기 위해 쉽지 않은 노력을 했을 것이다. 그래도 아이가 자라는 모습을 보는 행복은 그 어떤 것과도 비교할 수도 없었을 것이다.

아하~ 최고의 행복은 내가 키우고 이루어 놓은 것이 아니라 자라고 있는 모습을 보는 것이네.

단군왕검이라 일렀다

단군은 이름이고 왕검은 직책이다.

환웅이 아래 세상에 처음 내려와 첫 번째 한 일이 하느님(환인)께 감사 제사를 드렸듯이 환웅의 아들도 하느님께 감사 제사를 드리는 사람이라는 뜻으로 제사장을 단군이라 불렀다. 인간이 아니라 사람 중의 사람으로 감사할 줄 알고 신과 소통하는 신의 후손이라는 것이다.

왕검[12]은 "일반적으로 정치적 군장을 뜻하는 '임금'으로 해석하고 있다." 정치장의 의미로 결국 단군왕검은 제사장과 정치장의 기능을 겸한 제정 일치적 사회의 우두머리로 이해되고 있다.

제왕운기 본기에는 환웅이 웅녀와 혼인한 것이 아니라 손녀를 사람으로 변화시켜 단군을 낳은 것으로 기록하고 있고 단군이라는 이름

---

12) [네이버 지식백과] 단군(한국민족문화대백과, 한국학중앙연구원)

만 나오고 왕검이라는 직책은 없다. 제왕운기는 단군을 순수한 신의 혈통으로 정통성을 강조하기 위한 것이 아닐까 생각이 된다.

하늘과 땅의 기운을 펼치기 위해 인간의 내적 본성과 외적 본성을 변화시켜야 천사 같은 사람으로 변화하는 것이다. 이런 과정을 신화에서 단군으로 묘사해 등장시킨 최초의 사람으로 천지인(天地人)의 사상에서 사람의 모델이 단군인 것 같다.

백성과 임금과 윤리
(삼국유사에 기록되지 않은 이야기)

태백일사 환국본기에는 임금이라는 단어의 유래는

"그때에 사람들은 모두가 스스로 환(煥)이라고 했고, 무리의
우두머리를 인(仁)이라고 하였다. 인이란 임(任: 일을 맡음)이란
말이다. 널리 인간을 유익하게 구제하고 광명으로 세상을
다스리는데, 반듯이 인(仁)으로 임하도록 하는 것이다"

라고 기록되어 있다.

사람을 환(煥)이라 했는데 국립국어원 표준국어대사전에는 "환(煥)의 뜻은 경제용어로 체권자에게 현금 대신 어음, 수표, 증서 따위로 결제하는 방식으로 우편환이나 전신환처럼 돈을 대신하는 것으로 쓰인다." 그 말은 사람들이 천사를 대신하는 사람이라고 보증하는 의미이기도 하며, 표준국어대사전에는 "환은 줄처럼 쓰이는 연장의 하나로 금속이 아닌 물건을 쓸어서 깎는 장비의 명칭이다." 즉 천사들처럼 되기 위해 스스로 세심하게 갈고 닦는 백성임을 의미한다.

임금님은 순수한 우리말로 나라를 다스리는 우두머리다. 우두머리(二)가 맡은 일(任)은 인간을 구제하고 광명으로 세상을 다스리되 반듯이 어질게(仁) 하도록 하였다. 임금은 사랑으로 지도하고, 잘못하지 않게 금지하여 다스리는 우두머리다. 우리 민족만 나라가 바뀌어도 백성들은 지도자를 왕이라는 직책보다는 '임금님'이라는 존칭을 더 사용했다. 임금은 우리 백성들을 사랑해서 우리에게 좋은 것은 가르치고, 나쁜 것을 하지 못하게 해서 백성들을 더 사람답게 살도록 인도하는 분이라 여겨 임금을 존경하고 믿어 자발적으로 순종하는 백성이었다.

(임금 뒤 일월오봉도 배경은 우리 민족에만 있다)

신시본기에는 **"이로부터 여자무리와 남자무리들은 점차 윤리를 취하여 습득하였다"**라고 기록되어 있다.

환웅이 세운 나라는 임금은 사랑으로 백성을 대하고 백성은 자발적으로 순종하며 조화의 관계를 유지하고 윤리를 세운 밝고 환한 땅의 나라, 배달국이었다.

배달국은 선을 베푸는 행위와 관계를 바르게 하는 감정과 행동은 가르치고 악에 대해서는 형벌(刑罰)로 다스렸다. 특히 사람마다 개성과 특성이 각각 다른 것을 고려하여 선과 악에 대한 가르치는 방법도 개인별 맞춤식으로 각각 다르게 했고, 인간이 성장하고 늙어가는 과정상의 관계와 때 와, 다양한 경우에 맞는 행동과 감정도 차별해야 한다는 이치를 윤리(倫理)[13]라 했다.

배달국은 윤리는 아래 세상을 천국처럼 만들기 위해 신들이 몸소 보여 가르친 것이기에 인간은 이 윤리를 배워야 한다고 아래 세상에 윤리를 교화(教化)로 가르쳤다.

하늘(환: 天神)을 머리에 이고 발은 땅(곰: 地神)을 딛고 서 있는 것은 사

---

13) 한국민족문화대백과사전, 윤리의 '윤(倫)' 자에는 무리(類)·또래(輩)·질서 등의 뜻이 담겨 있으며, '리(理)' 자에는 이치·이법(理法)·도리(道理)의 뜻이 담겨 있다. 그러므로 물리(物理)가 사물의 이치인 것처럼 윤리는 사람과 사람 사이에 관계. 즉, 인간관계의 이법(理法)이라고 할 수 있다.

람(人)이며 이는 천지인의 원리인 신으로 사람이 신이 될 수 있다는 뜻도 될 수 있다. 하늘과 땅 사이에서 사람이 이루는 것을 공(工) 자로 표현했고, 두 사람이 의지하고 기대고 있는 사람들을 인간(人間)으로 관계의 중요성을 표현했다. 천사는 이렇게 인간을 사람으로 변화시켰다.

신시 배달국 환웅의 시대는 1대 거발한 환웅(BC 3897)~18대 거불한 환웅(BC 2380년)까지 재위 1565년이다

유학에 대한 내 생각

유(儒) 자는 "선비 유" 또는 "스며들다"의 의미로 부드러울 유(柔) 자와 윤택할 윤(潤) 자가 합친 글자로 "젖는다"는 의미다. 유자, 선비, 학자는 옛 어진 이가 가르친 도(道)를 배우고 익혀 자기 몸에 젖게 하고 부드러운 모습으로 남을 가르쳐 마치 하얀 종이에 물이 스며들 듯이 상대방 마음속에 젖어 들게 하는 사람이라는 뜻이다. 유교의 핵심은 인간을 다스리는 일로 자기를 갈고 닦아 남을 가르쳐 편안케 하는 것이다.

유학은 신을 숭배하는 종교가 아니라 인간이 가진 이기적인 모습과 싸움을 위해 자신을 수양하는 학문이다. 유학의 출발이 "옛 어진 이가 가르친 도"에서 시작한다.

"옛 어진 이"는 도대체 누구일까? "도"는 무엇일까?

중국 유교 사상

유학의 선구자라면 공자[14]를 빼놓을 수가 없다. 공자는 인(仁)과 예(禮)를 중요시하여 인(仁)은 어진 마음으로 나처럼 남을 사랑하는 마음이고, 예(禮)는 사회적인 나와 남과의 관계에서 지켜야 할 행동으로 자연스럽고 조화로운 삶을 사는 방법이라고 정의하면서 바른 삶을 살 것을 주장했다. 그 후 맹자는 성선설에 기반을 둔 인성본과 수양론을, 순자는 성악설을 기반으로 예와 법도를 교육을 강조했고, 그 외에 묵자의 겸애설, 양자의 이기주의 등 다양한 이론으로 발전했다.

신진시대의 주요 주장은 하늘과 인간과 관계의 도(道)를 연구하였다. "하늘의 가르침대로 살아야 한다, 아니다! 하늘은 하늘대로 인간은 인간대로 살아야 한다"는 등 사람이 하늘에 속한 것인지? 땅에 속한 것인지? 하늘과 관계없는 것인지?[15]를 고심하였다.

한·당 시대에는 자연과 인간 사회와의 연계성을 연구하였다. 자연과

---

14) [표준국어대사전] 중국 춘추 시대의 사상가·학자(BC 551~BC 479). 이름은 구(丘), 자는 중니(仲尼). 노나라 사람으로 여러 나라를 두루 돌아다니면서 인(仁)을 정치와 윤리의 이상으로 하는 도덕주의를 설파하여 덕치 정치를 강조하였다. 만년에는 교육에 전념하여 3,000여 명의 제자를 길러내고, ≪시경≫과 ≪서경≫ 등의 중국 고전을 정리하였다. 제자들이 엮은 ≪논어≫에 그의 언행과 사상이 잘 나타나 있다

15) 공자는 정성이 하늘의 도이고 정성 되게 사는 것은 사람의 도라 하여 인간이 소우주라 주장하였고, 순자는 하늘은 만물은 만들지만 도를 구분하지 못하고 땅은 사람은 살게 하지만 다스리지 못한다며 사람이 하늘을 다스려야 한다고 하였고, 아사는 하늘은 하늘의 법칙을 땅은 땅의 법칙을 적용해야 한다고 주장하였다.

인간 사회는 밀접한 연계가 있고, 하늘과 인간이 본질적으로 유사하다 주장하며 모든 일이 토, 목, 금, 화, 수가 음과 양에 의해 변한다는 음양오행설로 발전하였다. 한나라 이후 당대까지는 유학이 침체기로 도교와 불교가 성행하였다.

송대는 우주의 이치(理)와 구체적 사물의 기(氣)에 관한 연구가 활발했다. 이기론은 인간의 마음이 본성과 감정을 총괄한다는 심성론과 사람은 늘 마음은 공경하는 자세를 성실히 유지하여 사물의 이치를 연구하는 자세를 가져야 한다는 수양론에 적용해 주자학으로 발전하였다.

명대에 들어서는 사람의 욕심과 하늘의 이치에 관한 연구로 원래 마음은 하늘이 부여해 준 사랑의 마음이니 사물의 이치는 마음에서 찾아야 하고, 하고 싶은 것을 하면서 단점을 보완하자는 양명학으로 발전하였다. 청대 후에는 정치와 경제에 치중하여 큰 발전이 없었다.

단군 신화는 공자보다 약 3,300년 이전에 인간이 천국처럼 살기 위해서는 스스로 변화되어 사람으로 살아야 한다는 것을 명확히 밝히고 있는데 말이다.

한국유교 사상

한반도에 유학이 전파된 것은 삼국시대이지만, 발전은 고려 말 불교의 폐단이 동기가 되었다고 할 수 있다. 고려 인종 전·후에 주자학이, 그 후 성리학이 도입되었고 양명학은 조선시대에 도입은 되었지만 자리 잡지 못했다. 조선 초 권부가 『사서잡주』를 소개하면서 인재 발굴을 위해 과거제를 실시로 지도층의 학문으로 자리 잡게 된다.

조선 유학 발전의 출발은 이색이 나는 원래 하늘과 같은 존재라는 "천인무간(天人無間)"을 주장하면서 시작되었다. 초기에는 다른 학문이나 종교, 전통에 구애 없이 조선을 하늘나라로 만들기 위해 연구하였다.

세종 때 실학 유학자들은 한글 창제와 측우기 등 과학기술의 발전에 기여하였고 특히 이색의 인간과 인류 중심적 사고방식은 지도자뿐 아니라 각자가 구체적인 수양을 통해서 바른 삶의 자세를 갖출 것을 핵심으로 하였다.

권권은 인간과 하늘의 관계를 「천일심성합일지도」로 도식화하고, 퇴계 이황은 사람은 하늘과 같다는 '천아무간(天我無間)'으로 하늘나라 사람이라 생각했고 하늘로부터 받은 이치를 간직하고 유지하려는 노력을 강조하며 성학십도를 작성하였다. 율곡 이이는 태도를 수양, 마음공부, 바른 생활 자세 등을 강조하면서도 사회개혁과 정계 진출을 주장하는 치인(治人)을 강조하였다.

조선 유학은 홍익인간을 실천하고자 하는 것이 단군 신화와 유사하다. 조선은 초기 유학자들이 천국을 만들고자 과학기술뿐만 아니라 인간에 대한 연구도 활발했다.

조선 유학의 놀라운 점은 퇴계 이황과 기대성간의 논쟁인 '사단칠정론[16]'을 통해 인간이 선과 악을 선택하는 원인을 알고 악행을 줄이기 위해서 사람이 가야 할 길. 즉, 도(道)를 수양과 행동으로 해야 한다는

---

16) 사단칠정론 요약

퇴계입장

4단과 7정을 철저히 구분
하늘의 본성이 그대로 발현 할려면 = 敬 강조
천아무간으로 살기 위해 본성을 길러야 함
관심
  겉으로 드러난 선한 행동이 본성에서 유래?
  상황에 따라 유래한 것인가?
사화당시 온갖 부조리와 혼란한 사회속에서 진실과 선악을 밝히고 올바르게 나아갈 표준과 방향을 제시하고자 함

율곡의 입장

수기보다는 치인에 관심
사회속에서 선한 영향력을 중시
수양도 중요하지만 행위와 결과도 중요
겉으로 나타나는 효과나 움직임은 [말의 몸]
관심 :
  움직인것은 모두 말
사화당시 온갖 부조리와 혼란한 사회속에서
이 땅을 하늘로 만들기 위해 구체적 실천과
긍정적인 효과를 줄 수 있는 개혁추구

퇴계
말의 움직임 인가? 사람의 의지인가?

1.사람의 의지 — 리 =>기:(선)
2.말의 의지 — 기=> :(선)
3.말의 의지 — 기=> :(악)

1.2. : 같은 선이라도 온전한 선이 아님
동기(하늘의 마음)가 선해야 함 => 수양

율곡
움직인 것은 무엇인가?

1.사람의 의지 — 도심 :(선)
2.말의 의지 — 인심 :(선)
3.말의 의지 — 인심 :(악)

인심을 도심으로,
현실 속에서 기와 리가 분리될 수 없다
4단이 7정에 포함되어 있는데 구분을 할 수 없다

것을 강조한 것이다. 환웅이 호랑이와 곰을 보고 인간을 파악했듯이 인간이 인간을 보는 관점에서 선악을 논의한 것으로 생각된다.

이미 단군 신화에서 3신과 7정의 비밀 속에는 본디 인간의 어리석고, 잘난 체하고, 괴팍하고, 조화되기를 바라지 않는 고집과 탐욕스럽고, 잔인하고, 약탈을 일삼는 7가지 성품을 버리는 욕심을 가지라 했는데 말이다. 사람의 의지이든, 말의 의지이든 동기가 중요한 것이 아니라 7가지 본디 성품을 내가 바꿀 수 있으면 되는데 말이다.

그 후 송시열의 낙론과 호론의 논쟁에서 인간이 자연에 대한 책임론을 정립하는 등의 발전은 있었으나 17세기 이후 성리학을 종교적 신념에 가깝도록 정치와 문화에 적용해 양명학, 경학, 실학, 서학 등이 발전되지 못했다. 아울러 유교의 양반문화를 가문을 위한 욕심의 도구로 사용함으로써 사대주의, 매관매석, 양반 수의 증가, 허례허식 등으로 인류을 가장한 반인륜적인 문화를 형성하여 고루하고 답답하고 시대적이지 못한 선입견으로 남았다.

양반만 사람이고 다른 백성을 사람으로 여기지 않아 백성이 꿈을 꾸지 못하도록 했다.
유생이란 놈들이 참 나쁜 짓을 했다.

한국 유학과 중국 유학의 차이

중국 유학은 인간이 하늘을 찾아가는 과정으로 정치적으로 인간을 다스리는 방향을 찾고자 했다. 인간은 하늘과 비슷하지만 다르다는 전제로 하늘을 닮기 위해 인간을 다스리는 방법을 제시했다고 할 수 있다.

한국 유학은 홍익인간이라는 사상적인 기반에서 발전해 왔다. 인간인 내가 사람이 되고 나 같은 사람이 많아져 선비와 신하와 왕이 함께 이상사회를 만들자는 방향으로 발전된 것이다. 다만 아쉬운 것은 양반이 백성의 꿈을 무시한 것이 안타깝다.

한국 유학과 중국 유학의 차이는 너무나 현격하다.
한국 유학은 중국 유학의 부산물이 아니다.

유학이 필요한 이유

유학이 발전시켜 온 윤리와 도덕의 가치는 지금도 사회, 문화, 정치와 전통 속에 남아 있고 지금의 질서와 관계가 그 산물이다. 지금 세상이 바라보는 고리타분하고 답답한 유학을 그대로 인정하자. 그러나 변질되는 윤리와 도덕은 바로잡고 개인의 덕과 예의 등은 시대에 맞게 개량해서 가르칠 필요가 있다.

웅녀가 환웅과 살면서 가랑비에 옷 젖듯이 윤리를 습득했듯이 지금 세대 간에 갈등으로 무리하지 말고 천천히 모범을 보이면서 교화로 바꾸어보자.

생각해 보기

지하철 막차, 장애인, 노약자 보호석에 한 자리가 남아있다. 50대 아주머니 A가 피곤한 기색으로 머뭇거리다 보호석에 앉았다. 한·두 코스를 지났을까? 60대 초반으로 보이는 아주머니 B가 타더니만 보호석으로 간다. 피곤함에 젖어 눈을 감고 있는 아주머니 A를 발로 툭툭 차며 경로석이니 일어나라고 한다. 아주머니 A는 주변을 둘러보다 일어선다.
B가 앉으면서 하는 말 "꼬우면 나이 먹어"
A가 궁시렁궁시렁 불만을 표시한다.
C는 처음부터 이 광경을 다 보았다.
D는 B가 A에게 일어나라고 할 때부터 보았다.
버스가 복잡하다. 할아버지 E가 올라타자 학생 F가 일어선다. 앞에 서 있던 청년 G가 앉으려 하자 옆에 서 있던 아저씨 H가 "어르신 이쪽에 앉으세요" 한다.
"아니 괜찮아요" 할아버지 E가 하시니 아저씨 H가 "앉으세요" 한다.
"학생 고마워. 가방 무거우니 이리 줘" 하신다.

일상에서 보는 현상이다. 누가 착하냐고 묻는다면 당연히 학생과 할아버지와 아저씨다. 그런데 그 모습을 보는 것이 점차 드물어진다.

모두 피곤해서 그럴까? 모두 약자가 되었기 때문일까?

지하철에서 A와 B 두 여인의 다툼을 보고 누가 약자라고 생각할까?
C는 일상에 지친 피곤한 모습으로 보았기에 A를,
D는 나이로 보았기에 B를 약자로 보지 않을까?
누가 약자냐고 묻는다면 A일 것이다.
아는 만큼 판단이 달라진다.
버스에서 할아버지와 아저씨와 학생의 이야기는 듣기도, 보기도 참 좋다.
배려석이라 지정도 되어 있지 않지만
모든 자리가 배려석이 될 수 있기 때문이다.
학생은 할아버지가 노쇠하다는 것을 알고 양보를,
아저씨는 할아버지와 학생의 의도를 알고 청년에게 교훈을,
할아버지와 학생을 보호했다.
할아버지는 사양과 고마움으로 학생을 칭찬하신다.

모든 교통수단의 장애인, 노약자, 임산부 보호석 모두가 약자를 보호하기 위한 자리다. 그렇다고 장애인, 노약자, 임산부만 앉으라는 법은 없다. 그 자리가 비었는데도 서서 가라는 의미도 아닌 것 같다. 꼭 앉아야 할 필요가 있는 사람에게 기회를 주고자 하는 의미다.

노인 인구가 급속도로 증가하고 있다. 배려석을 어떻게 늘리느냐는 심각한 문제다. 양보와 배려와 보호와 감사와 칭찬은 세상을 아름답게 만든다.

V
사람의 이야기

요즘 사람은?

요즘 뉴스를 보면 문제가 너무 많다. 사람이 해서는 안 되는 일들이 너무 많이 일어나 세상과 사람을 믿기가 두려워지고 있다.

영아들은 부모 학대로 고통받거나 죽임을 당하거나, 아이들은 비정상적인 정신병이, 청소년들은 가출이나 비행이나 자살이, 청년은 미혼이나 최저 출산율이, 가정은 이혼율이, 노년은 학대나 고독사가 증가하고 있다.

학교는 사람을 만드는 교육이 아니라 경쟁하는 방법을 교육함으로써 교권을 잃었다. 오죽하면 선생님들이 자살할까?

직장은 계약직이 증가하면서 평생직장이란 개념이 사라지면서 돈 많이 주고 편한 일만 찾는 철새들의 직장을 만들고 있다. 계약 기간이 다가오면 새로운 일자리에 대한 걱정으로 동료와 직장에 대한 사랑과 정열과 신뢰가 없을 수밖에 없다.

법정은 온갖 새판을 하지만 판결에 억울함이 풀리지 않는 사람들이 늘어가고 있다. 믿었던 이치와 사람에 대한 실망과 회의감 때문이다. 모두 믿고 의지할 데가 없기에 앞날이 어둡다. 아래 세상이 더 아래로 내려가고 있다.

그러나 다행히 50~70대 후반 사람들은 배우지 못했다는 부모로부터 사람이 되는 법은 배웠다. 부모님들의 지혜를 후손들에게 전해야 할 때가 아닐까?

무엇이 배울 것이고 무엇을 배웠다 하는 것일까?
그리고 어찌 가르쳐야 할 것인가?

환웅이 처음 웅녀를 본 것과 같다.

단군, 독립해서 나라를 세우다

단군은 평양성에 도읍을 정하고 국호를 조선이라 하였으며 뒤에 도읍을 아사달로 옮겨 1,500년간 다스렸다. 중국 주나라의 무왕이 기자를 조선에 봉하매 단군은 장단경으로 옮겨갔다가 다시 아사달로 돌아와 산신이 되니 나이가 1,098세였다.

단군은 평양성에 도읍을 정하고

단군은 나라를 세우면서 도읍을 평양이라 하였다.

평(枰)은 다스릴 평, 양(讓)은 도울 양이다.

신들에게 인간이 사람 되는 방법을 배운 사람들이 새 땅에서 인간에게 사람이 되는 방법을 도와주고 다스리려고 도시 이름을 평양으로 정한 것이다.

신들이 아래 세상을 구원하기 위해 신단수에 내려와 신시를 만든 것처럼 사람들이 신들에게 배운 이치와 윤리로 인간들을 돕기 위해 새 땅에서 펼치겠다는 의지로 독립한 것이다.

환인이 환웅에게 하늘 문을 열고 아래 세상으로 가라 하였고, 환웅은 천사들과 하늘 문을 열고 아래 세상으로 왔으나, 이번에는 사람인 단군이 인간과 함께 새 땅에서 하늘 문을 열고 천국으로 간다.

새로운 땅에서 더 많은 인간이 사람이 될 수 있도록 하늘의 가르침의 문을 열어 인간이 하늘과 서로 소통할 수 있는 질서와 관계를 만든 것이다.

가자! 하늘로!

땅에서 하늘로 가는 문을 열었다.

이것 역시 개천(開天)이라 한다.

국호를 조선이라 하였으며

우리가 우리나라의 이름을 부르는 것을 국호라 한다.

조(朝)는 아침 조, 선(鮮)은 고울 선으로 아침이 고운 나라, 아침 해가 뜨고 세상이 밝아지기 시작한다.

하늘의 빛이 땅을 비추는 나라, 하늘의 이치로 아래 세상을 비추는 나라, 그 빛이 고운 나라, 빛이 환한 나라, 훈국, 한국으로 불렀다.

이치로 세상을 다스려 세상과 인간을 이롭게 '제세이화(在世理化) 홍익인간(弘益人間)' 하는 나라를 만들겠다고 스스로 부르는 이름으로 위대한 꿈과 자부심과 긍지이다.

이 건국이념이 우리 조상의 위대한 얼이다.

그때가 기원전 2333년이다.

조선과 한국

우리 민족이 처음 세운 나라다. 아침의 빛이 고운 나라 조선에서, 뿌옇게 밝아오는 새벽의 나라 부여로, 높은 곳에 둥근 환이 아름다운 나라 고구려로, 밝은 해의 나라를 발해로, 높은 곳의 아름다운 나라를 고려로, 다시 조선으로 그리고 크고 환한 빛을 추구하는 민주주의 나라 대한민국까지 하늘과 빛이 수천 년간 이어져 온다.

우리말의 "ᄒᆞᆫ"을 지금의 글로는 "한"이다.

빛이 비취는 현상이 환할 때도 "환~하다",

하나밖에 없는 유일한 것을 하나로 말할 때도 "한 개",

넓고, 높고, 깊은 무궁무진한 능력을 말할 때도 "한~없는 바다와 하늘",

정확한 가운데를 말할 때도 "한 가운데"를 사용한다.

이처럼 "한"은 빛의 특징을 정확히 의미하고 있다.

일제가 왜곡한 한 맺힌, 억울한, 원통한의 한(恨)이 아니다. 나쁜 놈들!

한자로 한(韓)은 무엇을 의미하는 것일까?

조선왕조실록에 고종이 국호를 대한제국으로 바꿀 때 "삼한의 뜻을 계승한다"라고 기록되어 있다. 우리가 교과서에서 배운 경상남도와 전라남도 일대에 있었다고 하는 그 삼한은 조선 땅의 일부에 지나지 않고 건국이념도 없는데 그 뜻을 계승한다는 것은 말이 되지 않는다. 고종 황제는 고조선이 마한, 진한, 변한으로 나누어 동북아의 평화를 유지하며 다스린 고조선의 뜻을 계승하겠다는 것이다. 교과서가 일제의 역사 왜곡에 놀아나고 있다고 생각한다.

한(韓) 자는 "나라 이름 한" 자로 한나라(기원전 202년 ~ 기원후 220년)는 진 이후의 중국의 왕조 중 하나로 그 오래전에 망한 그 나라를 계승한다는 것도 말이 되지 않는다. 이 글자의 최초 등장한 문서는 주나라 시대 「예기」에 기록되어 있다. 고조선이 융성하던 시기였다. 한은 고조선을 의미한다.

대한민국의 한)은 하늘의 빛을 말한다.
인종도, 종교도, 민족도 구분하지 않고 오로지 모든 인간을 이롭게, 세상을 이롭게 하기를 바라며 수천 년을 지켜온 위대한 얼을 지키고 가꾸어 천국을 만들자는 것이다.

---

1) 저자 해석, 대한민국의 한(韓) 자의 의미.

고조선을 세운 날을 건국일이라 하지 않는다.

하늘에서 땅으로, 땅에서 하늘로 문을 연 '개천절'로 기념한다.

일제로부터 독립한 날을 독립일이라 하지 않는다.

잃었던 빛을 찾은 '광복절'이다.

사람 같은 사람이 사는 나라를 만들기 위해 단군 신화가 전하고 있는 깊은 가르침을 잊지 말자.

다스리는 일을 했다

뒤에 도읍을 아사달로 옮겨 1,500년간 다스렸다

국호는 그대로이고 도읍만 옮겼다는 것은 평양은 이치대로 다스려지는 땅이 되었고 이치대로 다스려지지 않는 땅을 또 찾아갔다는 사실이다.

'아사'는 우리말 고대어로 '아침' 또는 '새로운'의 의미이고 지금도 동이족의 끝부분인 일본은 조일신문(朝日新聞)을 '아사히 신문'으로 발음하고 있다.

"달"은 "땅" 또는 "도읍지"라는 의미이고 지금도 "달"은 "양달", "응달"로 땅이라는 의미로 사용되고 있다. 아사달은 '아침의 땅'을 말하고 한자를 훈차하면 조선이 된다.

단군은 아버지 환웅이 신시를 세워 인간을 교화하여 사람을 만들어 배달국을 이룬 것처럼 평양을 인간을 이치대로 다스려지는 땅을 만들고 또 새 땅, 아사달을 이치대로 사는 세상을 만들어 1,500년간 다스린 것이다.

두 번 꿈을 이루었다 만족하지 않고 웅녀가 아이 배기를 또 이룬 것처럼 1,500년간 게으르지 않고 계속 꿈을 키우고 이루어 나아갔다.

중국 주나라의 무왕이 기자를 조선에 봉하매

삼국유사는 중화 문화권에서 고조선을 보는 시각에서 기록된 『위서』의 내용을 인용하고 있다.

『기자동래설』[2]에 의하면 **"기자는 고국 은나라가 망해 조선으로 가자, 주의 무왕이 조선의 왕으로 봉했고, 무왕이 기자에게 홍범(弘範: 법)을 물었다"**라고 기록되어 있다.

고조선의 시각에서는 기자는 우리 동이족인 은나라 출신으로 조선의 왕이 되었고 주나라 무왕에게 조선의 건국이념인 이치로 세상을

---

2) [한국민족문화대백과사전] 기자 동래설, 기자가 조선으로 갔다는 사실을 전하는 최초 문헌은 복생의 상서대전이다. 이에 의하면 기자는 무왕에 의해 감옥에서 석방되지만 고국인 은나라가 망했으므로 그곳에 있을 수 없어 조선으로 망명했으며 무왕은 그 소식을 듣고 기자를 조선에 봉했다는 것이다. 그리고 무왕 13년에 기자가 주나라 왕실에 조근을 왔고, 이때에 무왕이 기자에게 홍범을 물었다고 하였다.

다스려 인간을 이롭게 하는 법인 홍범에 대해 가르쳐 준 것이다. 이를 유추해 보면 "단군왕검"에서 "단군"이라는 제사상이 지위는 유지되고 "왕검"이라는 정치적 지위는 기자에게 넘어갔다는 것 같다. 종교와 정치가 분리된 조선이 된 것이다.

기원전 2300년 전에 기록된 『한서지리지』에 의하면 **조선의 순후한 풍습은 기자가 팔조금법(八條禁法)으로써 교화시킨 결과라고 하였다"**라고 기술된 것으로 보아 주나라에서 조선의 풍습을 부러워한 사실이다. 『한서지리지』에 기록된 조선의 순후한 풍습은 다음과 같다.

'죄지은 자는 용서를 받아도 결혼하지 않았다'는 말은 사람으로서 부끄러움을 알고 행여나 신을 뜻을 어기는 일이 대대로 물림이 될까 스스로 결혼을 하지 않으려 한 것이고,

'문을 잠그는 일이 없다'는 말은 모든 조선 사람을 믿고 의지할 수 있으니 어떤 사람이라도 반가이 맞을 수 있는 넉넉한 마음을 가진 것이고,

'부녀자들이 정절을 지켰다' 함은 웅녀처럼 인간이 아니라 사람을 낳아 기르겠다는 부녀자들의 자발적인 의지이며,

'음식으로 제사를 지냈다'는 말은 감사를 알고 주변 사람들과 음식을 나눠 먹는 이웃과 함께하는 우리 백성이었다.

모두 배운 대로 실천하여 교화가 정착된 사회를 말하는 것 같다. 조선의 순후한 풍습은 백성들이 이룬 천국의 문화가 아니었을까? 인간

을 교화의 방법으로 사람을 다스리다가 기자 때에 법으로 다스리는 치화(治化)의 방법을 병행하여 조선을 다스렸다는 것을 알 수 있다.

'팔조금법[3]'은 인류 최초의 성문 헌법이라고 하는 '함무라비법전(BC 1792)' 보다 먼저 제정되었음에도 함무라비법전의 '눈에는 눈, 이에는 이'라는 복수의 개념이 포함되어 있지만 '팔조금법'은 사람을 죽이지 않는 한 인간을 상하는 일이 없이 가르치고 다스려서 사람을 만들고자 인권 친화적인 개념으로 통치한 법이었다. 한 명의 인간이라도 사람을 만들려는 지도자의 어진 지도 방법이 천국에서 살고자 하는 백성들과 한마음이 되었던 모습이 아닐까?

새로운 땅에는 본디 호랑이와 곰 성격을 가진 인간들과 웅녀 같이 변화된 성격을 가진 사람들과 평양에서 윤리를 배운 사람들이 함께 모여 살게 된다. 인간은 많고 사람은 적어 더 많은 인간을 사람으로 교화하고자 이치를 배우고 가르치는 것을 백성들이 당연함으로 하고, 도와 윤리를 어기는 것을 법으로 금지하여 관계와 질서를 유지하고 모

---

3) 태백일사, 번한세가 22세 단군 색불루 4년 제정. (요약)
   1조 사람을 죽인 자는 죽여 갚고
   2조 남에게 상해를 입힌 자는 곡물로 갚고
   3조 도둑질한 자는 노비로 삼으며
   4조 소도를 부순 자는 금고에 처하고
   5조 예의를 잃은 자는 군에 복무
   6조 부지런하지 않은 자는 부역에 처함
   7조 요사스럽고 음탕한 자는 태형에 처함
   8조 사기 친 자는 훈방한다.

두 공평하게 다스리고자 치화(治和)로 조선을 다스리게 된다. 법으로 인간을 이롭게 하고자 하였다. 정치적 권위가 위만에게 넘어가면서 위만과 함께 고조선으로 이주한 인간은 조선 사람을 쉽게 통치하고자 인간 위주로 법을 바꾸어 가게 된다. 조선이 사람이 아니라 인간이 사람을 다스리는 시대로 변화되고 있다.

단군은 장단경으로 옮겨갔다가 다시 아사달로 돌아와

단군은 정치적인 지위는 잃고 제사장의 지위로만 또 다른 새로운 땅인 장단경으로 옮겨가 천국의 지경을 넓히고자 또 새로운 땅을 개척하고자 노력하셨다.

그러나 아사달은 하늘의 이치로 다스림을 받다가 인간의 법에 다스림을 받으면서 사람도 점차 도덕과 윤리보다 법을 우선시하고 처벌은 두려워하면서 도덕과 윤리에 대해서는 지키려는 마음이 줄어들었다. 밝은 땅이 어두워지는 땅으로 변질이 되어가자 다시 구원하시기 위해 오신 것이다.

산신이 되니

단군은 이 땅을 버리거나 포기하지 않으시고 회복되기를 원하신다. 어두운 세상에서 질서와 관계가 불안하면 하늘의 이치를 찾게 되고 그때 언제라도 가르침을 줄 수 있도록 가까이 마을 뒷산에 산신이 되신 것이다. 비록 법으로 다스리는 세상이 혹 두렵다, 외롭다, 어렵다 하더라도 하늘나라에 대한 꿈과 희망에 대한 욕심을 버리지 말고 내가 옆에 함께 있으니 함께 하자고 하신 것이다.

산신은 지금까지도 민속신앙뿐 아니라 절에 삼신당, 칠성각으로, 유교에서는 삼신에 대한 제사로 형태로 남아있다. 잡신과 같이 미신으로 취급하거나 전통으로, 문화재로, 민속 문화로 기억하고 기념 촬영이나 하고 있으니 안타깝다.

나이가 1,098세[4]였다

단군은 한 명이 아니라 단군 제사장의 소임을 맡은 제1대 단군왕검으로부터 제47대 고열가 단군까지 역대 단군[5]이 다스린 기간이다.

---

4) 고조선의 지속 기간 사료별로 일부 상이함.
   조선상고사: BC 2333~1285년까지 1,048년간 지속.
   규원사화: BC 2333~1128년까지 1,205년간 지속
   이후는 기자조선으로.
   단기고사: BC 2512~416년까지 2,096년간 지속.
   환단고기: BC 2333~238년까지 2,096년간 지속.

5) 한단고기 외
   아사달 시대: 1대 단군 임금~21대 소태 단군(BC 2333~1208, 1,048년간),
   백악산 아사달 시대: 22대 색불루 단군~43대 물리 단군(BC 1285~456, 829년간),
   장단경 시대: 44대 구물 단군~ 47대 고열가 단군(BC 425~238, 188년간)

생각해 보기

우리나라가 어떤 나라가 되길 바라나요?
잘 먹고, 잘 자고, 잘 놀 수 있는 나라
힘들고 아프면 누구나 치료받을 수 있는 나라
하고 싶은 일을 마음껏 할 수 있는 나라
서로 믿고 의지할 수 있는 나라
누구나 환영하는 정이 넘치는 나라
이웃과 서로 사이좋게 지낼 수 있는 나라
혹시나 몰라 못한다면 누구나 가르치고 지도해서
잘한 것은 칭찬하고 잘못한 것은 금지하고 가르쳐서
함께 할 수 있도록 기다려주는 기품과 품위 있는 나라
이렇게 사는 것을 방해하거나 뺏으려 한다면
함께 싸워 지키고자 하는 나라 아닌가요?

단군이 이런 나라를 만들었고, 조선이라 하지 않았나요?

그런데 지금은 어떤가요?

꿈같은 이야기네요.

우리나라 국민은 꿈을 꾸는 국민입니다.

그리고 그 꿈을 이루어 가는 민족이고요.

조선은 양반이 백성이 꿈꾸는 것을 막아서 망했지요.

이제는 서로 좋은 꿈을 꾸게 만들어 주자고요.

조선 사람들은?

(삼국유사에 기록되지 않은 이야기)

단군이 다스린 조선

삼신오제본기 단군 편[6]에 조선 사람을 소개하는 내용이 나온다.

"왕검 역시 하늘로부터 불함산에 내려오셨고...(중략) 9환과 삼한관경을 통합하고 신시의 옛 규범을 회복하여 천하를 크게 다스리니...(중략) 이로부터 보은의 예를 숭상하여 영세토록 바뀌지 않았다. 대개 구환족은 나뉘어 다섯 인종이 되는데 피부색과 얼굴 모양으로 구별을 하였다. 모두 그 풍속이 실함을 취하고 이치를 탐구하였다. 일을 기획함을 거기에서 구하였는데 곧 같은 것이다.

씨족을 색에 따라 구분하면 종족은 황색 부류의 사람은 살색이 조금 노랗고 코는 튀어나오지 않고 광대뼈는 두드러지고 머리는 검고 눈은 평평하고 청흑색이다. 백색 부류의 사

---

6) 삼신오제본기 단군 편

람은 살색은 밝고 광대뼈는 두드러지고 코는 튀어나오고 머리는 회색이다. 적색 부류의 사람은 살색은 녹슨 구리색이고 코는 낮고 코끝이 넓으며 이마는 뒤로 젖혀지고 머리는 말려 오그라져 있으며 얼굴 모양은 황색 부류의 사람과 비슷하다. 남색 부류의 사람은 전하기를 풍족 또는 종색종이라고도 하는데 그 살색은 암갈색이고 얼굴 모양은 오히려 황색 부류의 사람과 같다"

조선을 구성하는 구환족은 다섯 인종이 되는데 피부색과 얼굴 모양으로 구별하여 그 풍속이 실함을 취하고 이치를 탐구하였다"라고 기록되어 있다. 그 풍속의 실함을 취하고 이치를 탐구하였다. 그 탐구한 이치는 무엇일까?

조선은 단일 민족국가가 아니라 9개 민족으로 구성된 동일 이념의 다민족 다인종 국가였다. 홍익인간은 피부색, 종교, 민족 등을 구분하지 않았다. 오직 세상과 모든 인간을 이롭게 하는 이념으로 탐구한 구환족의 이치를 이 세상에 가르치고 만드는 데 전념하였을 뿐이다.

모든 인종과 많은 민족이 서로 하나가 되어 같이 평안을 누리는 세상을 이루었었다는 것을 보여주는 얼마나 놀라운 역사 기록인가?
세계사 어디에도 이런 나라가 없지 않은가?

지금 이 세상도 모든 인종과 민족이 다시 조화롭게 살 수 있다는 가능성이 아닌가? 개인의 욕심이 배어 있는 목소리와 인기와 투표의 수치가 아니라 그냥 우리 마음에서 나오는 정으로 천국을 만들어 보자.

조선의 가치관

단군조선 가치관 중에 제6세 단군 달문께서 사람이 갖춰야 할 행실과 사람이 하여야 하는 일과 이치로 다스릴 '정치(政治)'를 할 때 지켜야 할 것을 소개하고자 한다.

사람이 갖추어야 할 다섯 가지 교훈(五訓)

오훈(五訓)[7]은 한국인이 갖추어야 할 태도로 그 행실을 보고 사람과 인간을 구분하고 인간이라 하더라도 오훈을 지키면 조선 백성이 되게 하는 방법을 알려준 것이다.

---

7) 단군세기 제6세 단군 달문 재위 36년 BC 2083 한국 5훈
  1. 성실하고 믿고 거짓이 없을 것(誠信不僞)
  2. 공경하고 근면하여 태만하지 않을 것(敬勤不怠)
  3. 효도하고 순종하여 어김이 없을 것(孝順不違)
  4. 청렴과 의리로 음란하지 않을 것(廉義不淫)
  5. 겸손하고 화목하여 다투지 않을 것(謙和不鬪)

첫째는 성실하고 믿고 거짓이 없어야 한다.

거짓으로 성실하거나 거짓으로 믿음을 주었을 때는 남을 속인 것으로 나쁠 뿐만 아니라 속은 남까지 죄를 짓도록 해 신의 의도를 몇 배로 방해하는 것이다. 거짓은 99% 진실과 1%의 거짓이라도 포함되면 거짓이기에 가장 나쁘다. 거짓말이 많은 세상은 서로 믿지 못해 혼자가 되고 평안히 살 수도 없어 더 낮은 세상이 되는 가장 빠른 방법이다.

둘째는 공경하고 근면하며 태만하지 말라.

모든 사람이 다 다르고 차이가 있으며 각자가 잘하는 부분이 다르다. 모든 사람에게 배울 부분이 다 있으니 존중하라. 나보다 잘하는 부분은 공경하고 그 부분을 배우고 익히는 데 부지런하여 게으르지 말 것을 말씀하신 것이다. 자기가 부족한 부분을 채우지 않고 게으르면 나아질 수가 없다는 것이다.

셋째는 효도하고 순종하는데 어긋남이 없도록 하라.

나를 있게 한 부모님께 감사하고 지금의 내가 있을 수 있도록 나를 사랑으로 이끌어 준 모든 분에게 감사하고 존경하며 그분들이 내게 기대하는 바를 실망하지 않도록 보답하라 하신 것이다. 사랑받은 만큼 사랑으로 보답하는 감사를 알라는 것이다.

넷째는 청렴하고 의리가 있어 음란하지 말라.

부정한 방법으로 이득을 취하지 말고 성품과 행실의 고결함을 유지하여 사람으로서 지켜야 할 도리를 지켜라. 도리는 책임과 의무를 지켜야 하는 것이고 특히 유혹에 약하니 유혹당할 가능성을 피해 가라는 것이다.

다섯째 겸손하고 화목하여 다투지 말라.

겸손은 나를 낮추고 상대를 높이는 것으로 내가 나를 낮춘다고 해서 남이 나를 낮게 평가하는 것이 아니다. 남이 나의 수준을 알고 정한다. 상대를 높이면 상대는 높은 수준으로 나를 대하고자 하기 때문이다. 나와의 관계가 서로 뜻이 맞고 즐거워지니 다투어야 할 필요가 없어진다. 내가 나를 높이고 상대를 낮추려는 오만은 시기와 다툼의 시작이고, 겸손은 서로 인격을 올려 화목하게 방법이다.

사람은 거짓과 게으름과 굴종과 음란과 다툼 다섯 가지는 피해야 한다. 이를 다섯 가지 가르침을 "오훈(五訓)"이라 하였고 기억하기 쉽도록 무궁화를 비유 삼아 가운데는 붉은 부분은 해를 상징하고 하얗게 피는 5개 꽃잎마다 각각의 교훈 삼도록 했다. 중국기록에도 무궁화를 "오훈화(五訓花)"라 한다. 누구라도 이 가르침을 완전하게 지키지 못하니 조선의 전 지역에서 쉽게 볼 수 있는 무궁화를 보고 한 해에 수도 없이 피고 지는 무궁화처럼 이 교훈을 어길 때마다 뉘우치고 또 가르침을 지키도록 포기하지 말고 노력하라는 의미다.

대한민국의 나라꽃이 무궁화인 이유다.

무궁화 꽃이 피고 지고 듯 나도 피고 지고

누구라도 이 다섯 가지 가르침을 완전하게 지키지 못하니 뉘우치고 또 가르침을 지키도록 노력히 려면 어찌해야 할까? 오훈은 내가 바른 질서와 관계를 유지하는 방법이다.

첫 번째 내가 신이 죄로 여기는 부분. 즉, 나쁜 차별을 한 경우는 이렇게 하면 되지 않을까?. 이 교훈을 내가 지키지 못했다면 내가 관계와 질서가 어렵게 했으니 내가 다시 회복해야 한다. 가해, 무시, 방임과 내 권리만 주장하는 행위와 무관심은 죄를 물어 처벌을 받아도 관계는 회복이 어렵다.

질서와 관계를 회복하는 방법은 내가 선에 순종하고 착한 사람이 되겠다는 의지를 상대에게 알려, 결국 서로 하고 싶은 것이 선이라는 것을 알려야 하고, 주고받을 수 있는 마음과 태도가 되어있는지 알려야 하고, 서로의 유익을 취하면서 상호 불편을 예방할 수 있는 행동을 보여주어야 상대가 이해가 된다. 이렇게 상대가 알 수 있도록 해야 가해자인 나에게 뉘우침이 된다. 내가 잘못했으니 다음에 그러지는 말아야지 하는 것은 뉘우침이 아니라 '그냥 잘못했구나'를 깨달았을 뿐이다. 관계 회복은 가해자 반쪽이지 피해자나 관계자에게는 나빠진 질서와 관계가 그대로 남아 있기 때문이다.

뉘우침을 알리는 방법은 이렇게 하면 되지 않을까?

남에게 가해한 경우에는 '죄송하다'고 해야 한다.

매우 나쁜 행위로 그에 상당하는 벌은 반듯이 받아야 한다. 그리고 죄로 인한 피해를 갚아주되 피해 준 만큼이 아니라 상대가 만족할 만큼 갚아주는 것이 기준이 되어야 한다. 탈무드에는 1.8배 이상을 물어주면 용서가 된다고 하던가?

남을 무시한 경우는 '잘못했다'고 해야 한다.

상대가 옳으면 인정하고 원하는 대로 따라주면 용서가 된다. 내 자존심이 상하는 것이 아니라 내 양심을 바르게 치유하는 것이다.

내 주장만 했다면 문제가 다르다.

내가 상대를 모른다. 처음부터 만나는 목적부터 다시 시작해야 한다. 먼저 사과 부터하고, 나와 상대를 알고, 차이를 알고, 차별하는 과정을 다시 해야 한다.

무관심했다면 '미안하다'고 해야 한다.

관계가 없다 여기었기에 가장 나쁜 잘못이다. 나의 잘못도 있지만, 상대도 같은 실수를 할 수 있고 서로 사랑과 관심이 부족했던 것이니 앞으로 관심을 두고 바라봐 주겠다는 약속으로도 용서가 된다. 쉬운 방법이지만 가장 중요한 방법이다. 좋은 관계를 갖겠다는 의지를 보여 주어야 한다.

사과와 변명의 차이는 진정성이 있느냐?이다. 진정성은 피해자에게 대한 구제 또는 보상이 있어야 하고, 용서를 받아야 하며 재발방지를 약속하고 3자의 동의를 얻어야 한다. 이 조건을 지키는 정도에 따라 변명과 핑계가 될 뿐이다.

무궁화 꽃잎처럼 피었다가 떨어지는 과정이 수없이 반복하면서 멀어졌던 질서와 관계가 천천히 자리 잡혀간다. 이 과정은 나뿐 아니라 모든 사람이 겪어야 하는 과정이기에 동정과 자비와 용서로 나타나는 것이 아닐까?

두 번째는 오훈을 지키고자 하는 분에게는 이렇게 하면 되지 않을까? 그들에게는 격려와 위로가 되고, 자기가 하고 싶은 일을 성취하는 행복을 가질 수 있게 칭찬을 하자.

하나라도 더 잘하고자 노력한다면 '잘했어요', '잘할 거야'

서로 잘해 보고자 노력했다면 '수고하셨어요'

여러 사람을 위해 봉사를 하시는 분이라면 '존경합니다'

칭찬을 아끼지 말아야 한다. 칭찬은 고래도 춤추게 한다는 말이 있다. 춤추며 신나게 그 일을 해 보게 하자.

세 번째는 이 교훈을 잘 지키는 분이라면 내가 존경할 수 있는 분으로 여겨보자. 내가 닮아가겠다고 나와 약속을 해 보자. 호의를 베풀어 준 분에게는 또 다른 호의를 베풀 수 있는 나만의 힘이 되어보자.

나에게 양보해 주신 분에 대해서는 '고마움'을,

나를 배려해 주신 분에 대해서는 '감사함'을,

나를 보호하기 위해 노력하신 분에 대해서는 '은혜'로 표현하면 된다.

고마움과 감사함과 은혜로움을 보답으로 표현해 더 많은 양보와 배려와 보호를 받아 보자.

하고 싶은 일을 더 하고 싶어 하는 욕심에 따라 만족과 불만족이 달라질 수밖에 없는 인간이기에 잘할 수도, 못할 수도 있는 것이 당연하다. 잘하는 것은 더 잘하게, 잘못하는 것은 다시 잘못하지 않게 하면 그만이다.

바람으로 잘하는 방향으로 불어주고

구름으로 잘못을 덮어주고

비로 아픔을 씻어 준다면

바람과 구름과 비는 나에게도 있다. 나도 신이 아닐까?

사람이 하는 일. 즉, 직업(業)은?

명령은 사랑으로 어떤 일을 하게 하거나 못하도록 금하는 것이다. 어떤 일. 즉, 직업은 서로 생존을 위해 하는 일로서 윤리나 도덕으로, 문화로 정착되어 법으로 가정과 조직과 국가의 공공이익을 위해 정해진다. 단군은 일을 다섯 가지 업(業)[8]으로 정해 다섯 부족이 돌아가며 일하도록 하였다. 모든 부족이 다섯 가지를 익혀 서로의 일을 존중하게 한 것이다.

우가(牛加)에게는 곡식을 주관[主穀]하게 하여 먹고 사는 것과

삶에 도움이 되는 일을 찾아서 하도록 하고.

---

8) 단군세기 제6세 단군 달문 제위 36년 BC 2083 5업
   우가牛加: 곡식을 주관[主穀]
   마가馬加: 명을 주관[主命]
   구가狗加 :형벌을 주관[主刑]
   저가猪加 :병을 주관[主病]
   양가羊加 / 계가鷄加 :선악을 주관[主善惡]

마가(馬加)에게는 목숨을 주관[主命]하게 하여 인간에게 가르침과 행실의 지도하여 다스림과 순종을 지키게 하였으며,

구가(狗加)에게는 형벌을 주관[主刑]하게 하여 죄를 예방하며 법을 집행하여 질서를 유지하고,

저가(猪加)에게는 병을 주관[主病]하게 하여 적의 외침이나 전염병 등 사회적 환란에 대비하게 하며,

양가(羊加 /계가: 鷄加)에게는 모든 일에 옳고 그름의 분별할 수 있도록 선악을 가르치게 하였다.

이는 일을 다섯 가지로 분류한 것이기도 하고, 모든 일은 다섯 가지를 지켜야 한다는 개념도 되며, 모든 일을 할 때 다섯 가지를 함께 고려해서 하라는 가르침이다.

오래전 가습기 약품이 많은 사람을 병들게 했다. 또 영화를 보면 사람을 죽이면서 강도짓도 일이라 이해해 달라고 하며 죽이고, 죽는 사람도 그러려니 하는 장면이다. '먹고 살기 위해 어쩔 수 없이 하는 짓은 죄가 아니다'라고 말하고 있다. 이런 잘못된 개념이 우리에게도 점차 당연시되어가고 있다.

살리기 위해서, 함께 살아가기 위해서, 누군가는 해야 할 일이기에 하는 일이 일이다. 사람이 하는 일의 종류는 무엇이든 간에 세상과 인

간을 이롭게 하는 일이 되어야 하며 이 다섯 가지 일은 같이 고려할 때 세상이 더 밝아진다는 것이다.

이를 우리 민족은 "윷놀이"로 승화해 후손에게 전했다. 도는 돼지, 개는 개, 걸은 양, 윷은 소, 모는 말을 의미하여 함께 달리는 것으로 정하고, 윷 밭은 성사긱형 또는 원으로 세상을 말하며 그리고 윷판의 말 밭은 세상의 방향을 의미한다. 놀이는 윷가락을 잘 던져서 모나 윷이 잘 나오게 하여 연달아 던지는 것도, 말을 잘 쓰고 못 쓰는 것도 승패에 많은 영향이 있다. 그러니 어떤 윷말이라도 때에 따라 귀하지 않은 윷말이 없다.

누구라도 세상을 뛰는 윷말이고 던져지는 상황에 따라 조선의 땅에서는 사람이 맡은 역할을 해야만 한다는 것이다. 상황에 따라 서로 세상에 잘 적응하기를 훈수하면서 경쟁하는 방법을 놀이로 승화한 것이다. 이처럼 세상의 조화에 일과 사람이 어떻게 잘 조화하느냐에 따라 다섯 가지 업(業)이 세상에 기여하는 효과가 달라지기에 삶에서도 누구나 다섯 가지 업(業)의 역할을 하라는 의미다.

천국을 만드는 방법이고 인간이 사람 되는 방법이며 조선을 개척하는 방법이었다.

일을 통해서 권세와 부와 명예와 인기를 얻어도 다섯 가지 업 중에 하나라도 어긋나면 세상과 인간에게 해를 끼쳐 직업이라 할 수 없다.

이 5업에서 인간의 360여 가지 일로 나누어지게 된다.

정치(政治)는?

정치는 바른 다스림을 말한다. 바른 다스림은 내 마음과 행실이 바르게 한 백성과 지도자가 함께 나라의 일을 이치로 다스려야 한다고 가르쳤다.

단군세기에 정치에 대한 가르침은 다음과 같다.

> 하늘에 제사하는 의식은 사람을 근본으로 삼고, 제사는 오교의 근원이다. 국가의 도라고 하는 것은 먹는 것을 우선으로 한다. 농자는 만사의 근본이고 마땅히 백성들과 함께 다스려 생산을 하고, 먼저 종족들과 강화하고 다음으로 포로와 죄수들을 용서하며, 아울러 사형을 없앤다. 책화로 국경을 지키고 화백으로 공론을 정한다. 오로지 함께 화합하는 마음을 베풀고 겸손하고 낮추어 스스로 육성하는 것으로 어진 정치의 시작으로 삼는다.

고조선의 정치개념은 사람이 나라를 다스리고 사람이 하는 일이 다스림을 받는 대상이라고 제시하고 있다.

사람은 하늘에 대한 감사할 줄 아는 것은 근본이고 사람이 다섯 가지 가르침을 지켜야 한다는 백성의 책무를 정하고 그 후에 백성이 평안히 살 수 있도록 하는 데 우선으로 해야 한다고 나라의 책무를 정했다.

백성과 지도자의 관계 설정은 백성은 일하는 것은 당연함을 의무로 삼고, 지도자는 백성과 함께 솔선수범하여야 한다는 도덕적 관계를 설정했다,

이웃과 이웃 국가와의 관계는 평시에 상호관계를 돈독히 하여 평화주의 외교정책을 추구하였다.

위협에 대비해서 내적 위협은 죄인과 포로는 용서해 뉘우칠 기회를 주고, 죽이는 것은 삼가하여 화평을 추구하는 인본주의의 인권질서를 만들고, 국제적이고 국가적 위협에는 모든 일을 정할 때는 공론으로 정하고, 정해진 일을 할 때는 책임과 의무를 모두가 진다는 백성의 권리와 의무를 민주주의적으로 정하였다.

그리고 정치는 지도자와 백성 모두 함께 화합하는 마음으로 베풀고, 겸손하고, 낮추어 지도자와 백성 모두가 스스로 나아지기를 노력하는 삶의 태도가 정치가 시작이라는 교훈까지 남기셨다. 이것이 아래 세상을 천국으로 만드는 정치 방법이었다.

우리 민족은 최초부터 사람됨을 우선시하는 백성들이었고 조화를 이루기 위해 인간의 성품을 변화시키고 천국같이 사는 나라를 이루고

자 하는 것이 국가의 개념이었다. 이미 기원전 2083년에 고조선의 정치가 지금의 민주 공화국의 개념보다 우수한 개념으로 나라를 다스렸다는 것이 놀랍다.

고조선의 위대함은 백성과 지도자가 갖추어야 할 도덕성을 전제로 한 국가라는 것이다. 현재 모든 국가가 국민의 복지와 평안, 인본주의, 민주주의, 외교적 평화 등을 주창하고 있지만 가장 중요한 백성이 갖추어야 할 조건과 백성과 지도자가 갖추어야 할 도덕성을 말하는 나라는 고조선 외에는 없다. 대부분 나라를 세우는 목적이 안전한 생존과 번영을 우선으로 지도자의 능력을 우선시하면서 도덕성을 요구하지만, 고조선은 백성의 조건과 지도자의 도덕성을 갖추게 하는 것이 우선적인 정치의 목표이며 책무였고 백성과 지도자, 이웃과 이웃 나라 간에 서로에 대해 바른 차별을 하는 것이 정치였으며 그 결과가 평안과 번영이었다.

혹시나 내가 이런 마음이 있다면 어떨까?
지금 내가 누군가에게 감사하는 마음을 가지고 있지만, 표현이 서툴다. 나도 착한 행동을 많이 하고 싶지만, 여건을 핑계로 망설이고 있다. 내 가족이 평안하고 지인도, 직장도, 나라도 평안하기를 바라고 있다. 내 직업에 솔선수범하고 열심히 하고 싶지만 힘들어서 꾀도 부린다. 이웃과 싸우기를 싫어하고 잘 지냈으면 한다. 나도 실수하지만 남도 실수라고 생각하면 이해해 주고 싶다. 직장이나 친목회에서 모두의 의견을 들어 주고 싶고 나를 믿고 맡기면 최선을 다하고 싶다. 뭔가를 서로 주고받고 싶은 이 마음을 가지고 있다면 나도 정치를 하고 있다. 나도 평안을 추구 하고 있기 때문이다. 누구나 다 정치를 하고 있다.

천국은 우리가 이렇게 함께 만드는 산물이다.

오로지 함께 화합하는 마음을 베풀고, 겸손하고 낮추어 스스로 육성하는 것으로 어진 정치의 시작으로 삼는다.

이 교훈을 지킨다면 말이다.

법치주의와 나라에 대한 내 생각

법치주의에 대한 내 생각

단군은 더 많은 인간을 이롭게 하고자 법으로 다스렸다. 법은 원래 명령으로 '가르침'이었다. 윤리와 도덕적 가치관을 심각하게 훼손할 경우 관계와 질서 유지를 위해 도덕을 지키게끔 모든 사람을 대상으로 정한 약속이었다. 과거의 일 뿐 아니라 미래에 일어날 수 있는 혼란을 대비하기 위한 가르침이었다.

그러나 인간이 만든 법은 인간의 필요에 따라 죄와 벌을 정하고, 사람이 갖춰야 할 윤리와 도덕보다는 더 많은 인간을 편리하게 다스리기 위해 변하여 갔다. 그래서 현재 사회문화는 선악의 기준보다 법의 기준을 더 중요시하고 있다. 가르침은 줄어들고, 다툼의 동기가 선행인지 악행인지 핀단도 줄어들고, 법률에 정한 증거만을 가지고 처벌하기에 선의로 바로잡고자 하는 사람이 오히려 법 앞에 약자가 되고 있다. 동기보다 통치의 필요에 따라 증거를 기준으로 처벌함으로써 법에 기록된 사항을 위배하지 않으면, 죄로 여기지 않고 오히려 법문에 기록되지 않은 사항을 이용해 이익을 추구 한다면 현명하고 똑똑한 사람으로 평가하는 풍조가 만연하고 있다. 빛이 욕심을 비추어야 하는데 욕심에 빛이 가려지고 있다.

법은 사람과 인간관계에서 질서와 조화를 이루고자 하는 방법을 가르치고자 정했을 뿐인데 말이다. 사회의 평안한 관계와 질서를 유지하는 방법은 법에 없는 친(親)함과 구별(區別)과 신의(信義)가 더 중요한 역할을 한다. 법치 사회에서 정과 도덕과 윤리가 중요한 이유가 여기에 있다. 신이 무관심을 중요한 죄로 여기는 이유다.

법의 기본은 인간을 사람으로 변화시키는 것이 목적이다. 한 명의 사람이라도 보호하고, 한 명의 인간이라도 사람을 만들고자 한 것이다. 사람이 되고자 하는 권리를 방해하고 해를 입히는 죄를 예방하고, 줄여, 결국은 사람과 인간을 보호하는 것이다.

잘못된 차별을 예방하고, 방지하고, 치료하는 문화를 장려하기 위해서는 죄를 지은 인간은 '죄인'이라 인식하게 가르치는 것이 우선이다. 죄인도 인간이라고 죄인이 아닌 사람과 같은 권리를 보장한다면 죄인과 사람은 구별이 되지 않는다. 차별이라는 과정이 없이 조화가 형성될 수 없다.

잘못된 차별 행위는 반듯이 육체적, 정신적, 문화적으로 사람에게 보장되었던 권리 중 일부를 각각 제한해 죄인으로 구별된 차별을 몸으로 느낄 수 있도록 다스려야 한다. 일반인과 격리하고 행동의 자유만 일부 억제하는 구금 정도로, 면허나 자격 등의 일부 정지하는 정도로, 돈으로 보상하는 벌금제도 등으로 죄의 값을 다했다 하고 있다. 단지 죄인은 죄의 값을 사회적으로 받았을 뿐이지 피해자에게 사죄를 바라거나 용서를 받지 못했다. 죄의 값도 하루 복역 금액이 최저 일당으로부터 몇천만 원까지 차별해 탕감되는 현실을 어찌 공정하다 할 수 있나.

사죄와 용서와 피해자의 회복이 있어야 '한 무리'. 즉, '우리'와 함께 할 수 있다. 지금의 사법제도는 죄의 값은 있지만, 공평이라 하기에는 뭔가 부족하고 사죄와 용서와 회복이라는 절차가 없다. 죄인을 받아들일지 말지를 정하는 심의 절차가 필요하다. 반성도 애매하고, 용서도 바라지 않는데 범죄 예방이 되겠는가? 법과 돈과 신분과 친함과 소원함의 관계에 따라 다양한 예외적인 절차와 규정을 만들어 가고 있는데 공정하다고 할 수 있을까? 재력과 신분이 아닌 죄의 경중에 따라, 인간성의 회복 정도에 따라 다양한 권리가 차별되어야 공정이다. 잘못된 욕심 값을 알게 가르쳐야 한다.

죄인의 권리와 사람의 권리 중 무엇이 더 보장되어야 할까? 죄인은 죄의 결과가 어떤 것인지 직접 체험하도록 해야 하지 않을까? 그래야 반성과 고마움과 감사와 은혜를 알게 되지 않을까? 환웅처럼 웅녀는 받아들이고, 호랑이는 우리 밖으로 내치면 되고, 행여나 호랑이가 뉘우친다면 받아주면 되지 않을까?

우리는 고조선의 문화와 법이 이룬 교훈을 알까?

법을 많이 안다는 인간치고 사람 같은 사람은 드물더라.

그러나 세상에는 법 없이도 사는 사람이 더 많지만 점차 줄어가고 있다.

이제는 우리가 다시 생각해 볼 일이다.

우리나라에 대한 내 생각

우리의 소원은 통일, 꿈에도 소원은 통일.
그 통일에 대한 열망이 식어가고 있다.
이유는 너무 많다.
해방 후 어떻게 하면 더 좋은 나라를 만들까? 라는 물음에
강대국에 의해 공산주의와 민주주의 이념의 실험 대상이 되었다.
한때는 그 이념이 최고인 줄 알고 우리끼리 죽고 죽이면서 싸웠다.
아픔과 억울함과 원한이 남과 북에 얼마나 많은지.
서로가 자기 뼈를 부러뜨리고 살을 베어버려 치유가 너무 어렵다.
한 세기 가까이 서로 옳다고 여긴 이념으로 갈라져 살고 있다.
언제까지 그 이념만 옳다고 여길 것인가?
언제까지 서로 갈라져 싸워야 할까?
그때 그 아픔을 가진 분들은 이제 하늘로 가고 계시다.
후손들에게 무엇을 남길 것인가?

이제는 홍익인간의 이념을 생각해 보자.

극과 극인 음양이 조화를 이루어 새것을 만든 것처럼

우리도 남과 북의 장단점을 잘 조화시킨다면

지금까지 없었든 새로운 나라를 만들 수 있지 않을까?

'어떻게 통일할 것인가?'를 어렵게 생각 말고

서로 부족함을 채워 주고, 안아주고, 감싸줄 수 있다면

그 마음으로 하나씩 나누어 갈 수만 있다면

공산주의니 민주주의니 하는 이념의 나라가 아니라

그냥 우리만의 홍익인간의 나라를 만들어 보면 어떨까?

지금 대한민국은?

역사를 되돌아보자. 해방 후 초기의 이념전쟁을 통해서 남북이 아직 하나가 되지 못하고 있다. 우리는 군부와 독재를 통해서 암울한 시기를 겪었지만 눈부신 경제발전을 이루었다. 민주화를 통해서 국민의 의식 수준도 세계를 주도하고 있다. 그러나 북은 아직 주체사상으로

요지부동이다. 남북이 하나가 다시 되는 것이 당면한 우리 민족의 꿈인데 한 몸이었다 둘로 나누어진 분들이 돌아가시면서 이제는 그 꿈을 포기해 가는 느낌이 나만 들까?

대한민국은 자유 민주주의 공화국으로 국민이 주인인 나라다. 국민은 안전하고 평화롭고 공정한 나라에 살면서 하고 싶은 것을 함께 이루는 행복한 나라 '공화국'을 꿈꾸고 있다.

지금 이 꿈꾸지 못하게 하는 자들이 누구인가?

우리 민족은 평화 통일을 꿈꾼다.

남·북 간의 먼저 주고 기다리는 신뢰를 쌓아야 한다.

서로 위협하고 비난하고, 쪼끔 주고 생색내고, 주지도 않으면서 남이 주는 것도 못 받게 훼방하며, 형제가 잘되면 배 아파하며, 서로 의심하고 이웃을 이용해 위기를 조장하는 자는 누군가?

사람으로, 같은 핏줄로 돌아오기를 기다리는 시간을 기다리지 못하고 잡아먹자고, 내쫓아 버리자고, 헤어지자고 하는가?

국민은 명령하고 다스리는 자는 스스로 모범을 보이고, 사랑으로 가르치고, 잘한 것은 칭찬하고, 잘못한 것을 다스리는 것을 공정하게 하는 지도자와 함께하기를 꿈꾼다.

신이 정한 구별과 차별과 권리와 역할을 무시하고 자기 편익을 위해 다스리는 지도자와 공직자들은 누구인가? 사람이 한 일을 다스리려 하지 않고 사람을 다스리려 하는 자는 누구인가? 친함과 구별과 신의를 법으로 무시하는 어리석은 자는 누군가?

언론과 매스컴과 기업은 현재 삶에서 문제와 갈등을 해결하고 더 많은 사람의 새로운 꿈을 듣고 함께 이루어 가기 위한 공론을 만들기를 꿈꾼다.
이익에 따라 멋대로 쓰고, 보이고, 듣게 하여 속이는 언론과 매스컴과 기업과 인간은 누구인가?

법은 우리 중에서 억울함과 원한과 원통함을 풀어주는 속 시원한 해결사이기를 꿈꾼다.
법 집행에서 제외하거나, 태만하거나, 부당 차별하거나, 법을 피하게 하거나, 악용하는 자는 누구인가?

교육은 사람으로서 더불어 이롭게 살아가는 방법을 가르쳐 우리와 함께하는 백성을 양육하는 방법이 되기를 꿈꾼다.
인간의 본디 본성으로 살아남는 방법을 옳다고 가르치는 스승, 선생, 교사, 선배, 상사, 어른이라는 자는 누구인가?

국민은 도덕과 윤리를 배우며 지키고, 서로 돕고 도우며, 반성하고, 용서하며 함께 평안한 관계를 만들어 가꾸어 가기를 꿈꾼다.

거짓으로 속이고, 직책에 태만하고, 불효와 불순종하며, 부패하고 음란하며, 게으르고, 사사건건 다투려 하는 자는 누구인가?

고조선의 멸망 원인이 무엇인지 잊은 것 같다.

정치를 인간이 한 일을 다스리는 것이 목적이 아니라 사람과 인간 자체를 다스리고자 하는 욕심으로 정치의 목적이 변질된 것이 문제였다. 결국, 즐겁게 더 하고 싶은 욕심이 신의 진리에 맞는 다스림이 되어야 함에도 오히려 이치에 맞게 다스리는 빛이 인간 욕심에 가려져 버린 것이다.

꿈을 꾸지 못하게 하고 꿈을 방해하는 자는 구별하여 다시는 그런 짓을 못 하도록 권리를 일정 기간 제한하고 차별하며, 공익의 역할을 못 하게 내치는 형벌을 정하여야 한다. 사람을 만드는 가장 마지막 방법이 환웅이 호랑이를 쫓아 버리듯이 우리에게서 버림받게 하는 것이었다.

지금 대한민국의 문제는?

대한민국 인구가 줄어서 망한다고 걱정하는데, 민족사에서 인구가 없어 망하는 초유의 위험에 처해 있다. 스스로 민족이 자멸하는 현상이다.

돈이 없어 불행할 것 같으니 나만 고생하면 돼,
몰라~ 돈이 많다면~, 키울 돈을 벌 수 있다면 생각해 볼까?
'그래, 좋다. 돈 줄 테니 애를 낳아라!' 지금 정책이다.

그 돈 애를 낳으려 쓸까? 자기 편하려고 쓸까?
본질은 젊은이들이 돈 때문에 불행하고
행복한 미래를 향한 꿈이 불가능하다고 여기는 좌절감 때문이다.

"행복은 이런 것이다" 돈이 행복이 아니라는 것을 바르게 알려주자.
한국인은 배움에서 시작되었고 지키고 가르치는 것으로 끝을 맺는다.
배움은 행복한 꿈을 꾸게 하고, 꿈을 이루도록 가르치는 것이다. 행복을 가꾸고, 누리고 즐겁게 살아라. 그러면 아이는 저절로 낳게 된다.

네 이놈들, 먹고 살기 힘들다고, 생활비 많이 들어간다고, 남들처럼 살겠다고 몸이 두 개라도 모자란다고 말들 하면서 부모가 되어 자식을 직접 보살피지도 가르치지도 않고 유아원, 유치원, 학교에, 학원에 맡기고 부모 모시는 것도 남에게 맡기고 내가 돈을 주니 남도 그만큼 해 주기를 바라는 마음도 알겠지만. 잘 못 보살핀다고, 잘 못 가르친다고, 남의 탓하는 것도 이해는 한다지만 부족한 양육비, 교육비, 부양비를 나라에서 지원해 달라는 것도 이해는 가지만. 나의 행복과 자식에 대한 사랑과 효도는 내가 하는 것이지 남이 해줄 수 없다는 것을 알아야 한다. 내 돈 아니고 세금이니 돈 주고 인기 얻고 표 사서 정치하는 정치인들, 나랏돈 펑펑 주면 잘될 것이라 하는 것이 우습고 가소롭다.

내 문제, 내 자식, 내 것만 보려 하지 마라. 모두 내 것만 보려 한다면 아래 세상으로 가게 될 것이다. 부모가 한 시간이라도 자녀 교육 현장에서 가르치는 노력이 있으면 교육비를 지원해 주고 아니면 교육비 왕창 받게 해야 한다. 자녀들도 부모의 역할을 보고 몸으로 체험하여 감사를 알게 해야 한다. 직장도 나라도 부모가 자식들을 직접 가르치는 행복을 보장해야 한다. 교사는 부모들을, 부모는 교사와 남의 자녀들을, 학생은 부모와 교사들을 더 알아가는 기회를 주어야 한다. 그래야 서로 감사를 알고 더 사랑해야 한다는 것을 알게 될 것이다.

우리를 서로 보게 하자.

자식이나 부모나 직장이나 나라가 모두 서로의 삶을 보고 배우는 관계를 만들어 가야 하지 않겠는가? 무엇이라도 보고 느끼고 서로를 알아야 꿈을 꾸지? 관심도 관계도 없는데 꿈을 꿀 수가 없지 않은가?

자기가 불편하면 돈 주고 남을 시키면 된다고 어리석은 생각을 한다. 돈과 계급과 직책과 권위이면 모든 것이 마음대로 되는 것이 아니다. 그 관계는 일시적이고 그때가 지나면 불신과 불안과 외로움만 남는다. 서로를 알아가는 관계와 노력과 제도에 나랏돈을 제대로 사용해서 스스로 알려고, 서로 관계를 맺으려 하고, 꿈이라도 꾸게 해야 하지 않겠나?

돈 말고도 행복하게 하는 것,
그 행복을 가르치고 경험하게 하자.
천국으로 가는 꿈을 이룬 조선의 꿈을 키워보자.
조선은 혼자 천국을 만들지 않았다.
우리도 환한 대한민국을 만들어 보자.

VI
나는 단군 신화를 이렇게 읽었다

등장인물에 대해서

환인

신분은 하늘의 신이고 최고의 자리에 있다. 위치는 등장인물 중의 최고의 어른으로 관계는 아들과 관계뿐이다. 역할은 자기를 위한 욕심이 아니라 아들에게 가르치고, 주는 역할만 했다. 관심은 아들에 두었고 능력은 아들이 하고 싶은 것을 할 수 있도록 자신이 가지고 있는 정보와 능력과 믿음을 주었고, 그리고 아래 세상을 다스리는 권한까지 위임했다.

내가 어른이라면 어른은 아래 사람이 하고 싶어 하는 것이 옳다면 할 수 있도록 해 주는 것이 어른이 하고 싶어 하는 일이 되어야 한다. 이 방법이 천국의 비밀이었다.

어른은 자식이 옳은 일을 한다면 함께 고심하자. 자식 능력을 키우기 싫다면 자식이 하고 싶은 대로 다 주면 된다. 다 퍼주고 사식에게 욕먹고 버림받자.

잘했니 못했니 탓하지도 말고 잘할 수 있을 때까지 기다려 주자. 기다리지 못한다는 것은 내 자식을 내가 믿지 못하는 것이고 내가 잘못 가르쳤기 때문이다. 그냥 봐주고 부족하면 위로와 격려와 조언으로 공감해 주면 그뿐이다.

아래 사람 일을 알고, 그 일을 잘하게 해 주는 것이 어른이다.

환웅

신분은 신의 자식으로 땅으로 내려온 천사다. 환인의 아들이고 웅녀의 남편이면서 단군의 아버지다. 자식으로, 부부로, 어버이로 친구로, 동료의 위치라면, 환웅을 모델로 삼아보자.

아버지에게 배운 것에 감사하고, 순종하는 자세를 가지고 아래 세상을 이롭게 하고 싶은 꿈을 꾸었다. 신시를 세워 천국의 모델을 보여 인간에게는 욕심을 갖게 하고, 욕심을 동기로 삼아 인간을 사람으로 만들고자 또 꿈을 꾸었다. 보고 배운 인간은 꿈을 꾸고 욕심을 가진다. 이번에는 인간의 꿈을 이루어 주기 위해 내가 낮아지고 함께 했다. 부족한 사람을 완전한 사람이 되길 바라면서 함께 살면서 삶을 가르쳤다. 남이 할 수 없는, 나만이 할 수 있는 일이라면 기꺼이 함께하며

남의 꿈을 이루어 갔다

환웅은 세상을 구원하는 일을 하고 싶어 했다. 구원은 하고 싶은 일을 하게 하는 것이다. 구원받는 과정은 물어보고, 배우고, 현실을 인정하고, 이치를 찾고, 내가 변해서, 같이 계속해서 꿈을 이루어 가는 과정이었다.

내가 하고 싶어 하는 것을 알려주자. 남이 나를 알까 두려워하지도 말고 남을 이용하려 하지도 말자. 내가 모르면 모른다, 알면 안다, 힘들면 힘들다 하자! 그 모습을 보고 남들이 성실하다고 신뢰하게 된다. 신뢰 시작은 나로 시작한다.

나는 집에서, 직장에서 무슨 일을 어떻게 하고 있지?

일이 왜? 어떻게 진행되는지? 문제가 무엇인지? 알아보자.

세상과 남을 해롭게 하는 일이라면 '절대 안 된다'해야 한다.

그 외에는 내 능력만 보고 안 된다고 하지는 말자.

내가 모르는 방법이 있을 수 있다.

할 수 있다 하자.

배우지 못하고 경험하지 못했으면 모르는 것은 당연하고 모르면 배우면 된다. 힘들어하는 사람이 있으면 서로 도와서 같이하면 되지. 내가 좋게 변해서 손해 볼 것 없다.

진짜 부자는 많이 주는 사람이다. 많이 줄 수 있는 사람도, 힘이 넘치는 사람도, 많이 가지고 있는 사람도 부자가 아니다. 배우고 싶어 할 때 배우게 하고, 놀고 싶을 때 놀게 하고, 일하고 싶을 때 일하게 하고 받고 싶어 할 때 주고, 거짓말하지 말고, 게으르지만 말고, 유혹을 조심하면서 즐겁게 무엇이든지 하게 하자. 이렇게 나와 남에게 해 줄 수 있다면 부자가 아니라 신이 되는 것이다.

이렇게 살다 보면 질서와 관계는 나도 모르게 좋아지고 니보다 남이 더 많이 변하는 것을 볼 수 있다.

아는 것을 실천했고, 궁금하면 알고 싶어했고, 아는 것을 아낌없이 가르쳐 주다 보니 곰이 웅녀가 되었다. 이것이 천사의 비밀이다.

웅녀

신분은 아래 세상의 곰이었다. 곰에서 웅녀가 되어 환웅의 아내가 되고, 단군의 어머니가 된다. 역할은 꿈을 이룬 성공한 곰이다. 사람과 같이 있고 싶다고 욕심을 부리고, 사람이 되고 싶다고 부탁을 하고, 아이를 갖고 싶다고, 함께 살아 달라 하고, 또 꿈을 꾸고, 부탁하고, 변하고를 반복했다. 어리석고, 괴팍하고, 잘난 체하고, 조화되기를 싫어

하는 성품을 지금보다도 좋은 삶을 살고 싶은 꿈을 평생 멈추지 않은 욕심쟁이 신이다.

반면 함께 사람이 되고자 꿈을 꾸었던 호랑이는 인간의 외적 성품인 탐욕과 잔인성과 약탈적 인성은 내 능력으로 무엇이든 할 수 있다는 오만함과 현실에 안주하는 게으름을 선택했기 때문에 사람이 되지 못했다.

군 생활을 40여 년을 하면서 장병들에게서 느낀 점이다. 제대하면 뭘 할래? 라고 물으면 학교나 취업에 대한 계획을 말한다. 왜? 라고 질문하면 '돈 벌려고요'가 95%다. 그 돈 벌어서 하고 싶은데 다 쓰고 남으면 뭘 할래? 그 후에 답이 없다. 꿈을 경험하지 못한 것이다. 이제는 이 말을 전해 주고 싶다. 정말 하고 싶은 것은 해 보니까 즐겁다는 것을 알았으면 한다. 즐겁다는 것이 무엇인지? 즐겁기 위해 필요한 조건이 무엇인지 해 봐야 안다. 해 보기 위해서는 상황과 능력보다는 하고 싶은 일에 대한 욕심과 용기가 문제다. 실패와 좌절도 꿈을 이루어 가는 과정일 뿐이다.

꿈은 막연함에서 점점 구체적으로 경험을 통해 변한다. 노는 것이 좋다면 이왕이면 즐겁게, 편하게, 안전하게, 유익하게, 저렴하게, 쉽게, 등등 "이왕이면"을 붙이면 그 방법을 찾을 수 있지 않을까? 놀다 더 재미있는 것이 있는지 물어보면 되고, 불편하면 방법을 바꿔보면 된다. 바꾼 방법은 나도 처음이고 남도 처음이니 남이 나를 어떻게 평가할까를 걱정하지 말고 저 사람도 좋고 행복할까? 에 관심을 두자. 좋아하고 잘하고 싶은 일에서 직업을 찾아보는 것도 좋을 것 같다.

한국의 전자제품이 세계에서 인정받는 이유가 아줌마들의 불만이 결정적인 역할을 했다. 불만은 '이렇게 되면 더 좋겠다'라는 욕심이다. 불만을 해결해 주는 일은 남을 이롭게 하는 것이기도 하고, 또 일거리기도 하고, 꿈을 이루는 일이기도 했다. 불만과 불평은 잘못이 아니라 거기서 멈추는 것이 잘못이다. 무슨 일이든 불만을 하려면 사용하고, 경험하고, 체험해 보고 '이왕이면'을 붙여보자. '이왕이면'이 없으면 불평이고, 있으면 꿈을 꾸는 사람이 된다.

한국 아줌마는 자식 교육에 대한 욕심이 너무 무섭다. 웅녀를 닮아서 그런가 보다. 그런데 쓸데없는 것에 자식을 비교하고 평가한다. 가끔 엄마 꿈을 자식이 이루도록 고집을 피워 자식을 잡는 사람도 많다. 그냥 엄마는 꿈을 꾸었던 경험만 전해 주면 자식들이 알아서 잘할 텐데.

웅녀는 꿈을 꾸는 방법을 알려 준다. 불안에서 평안으로, 지금의 나보다 더 나아지는 나로, 새로운 더 좋은 방향으로 욕심을 부린 것이 웅녀의 비밀이다.

단군

신분은 신과 사람의 자식이다. 조선을 건국한 임금으로 땅에서 하늘나라로 가는 문을 열고 그 길을 개척해 갔다. 자기의 보금자리를 만들면서 꿈과 이상을 잊지 않게 이름부터 정하여 스스로 다짐을 하고 뜻을 세우시고 평양성에서 아사달로 다시 장단경으로 새로운 땅을 개척해 나갔다. 천국의 지경을 땅에서 넓혀 나아간 것이다. 환인이나 환웅처럼 홍익인간의 뜻을 계속 이어받아 실천하신 분이시다.

새로운 인간들과 계속 부딪히면서도 선악과 윤리에 법을 추가해 더 많은 인간을 사람답게 만들고자 법치라는 새로운 방법을 찾으셨다.

사람으로 갖추어야 할 다섯 가지 행실과 사람들이 해야 할 다섯 가지 일들을 함께 하면서 다스려야 할 정치에 대한 가르침으로 이 세상에서 하늘로 가는 길을 만든 조상의 빛나는 얼을 남기신 분이시다.

법치의 환경에서 스스로 다스리기를 바라면서도 인간의 어리석음에 실망을 하지 않고 원하면 언제든지 함께하시겠다며 뒷산 산신으로 남아 세상과 인간을 끝까지 사랑하신 분이시다.

단군은 아래 세상을 천국으로 만들기 위해 끝없이 노력하신 분이다. 천국을 스스로 개척해 나가면서 가야 할 방향과 지켜야 할 것과 금할 것을 알려주신 위대한 스승이면서 이 세상을 구원하는 얼을 가르치시고 우리 민족에게 그 사명을 주신 신이다.

독립하기 두려워하는 이유가 뭘까? 내가 스스로 설 수 없는 이유는 나에게 있다. 그 이유가 위의 가르침 중에 있지 않을까? 스스로 다짐하고, 끊임없이 꿈을 꾸고, 방법을 바꾸면서, 태만이나 유혹에 빠지지 말고, 좌절하지 말고, 하나라도, 조금씩이라도 실천해 간다면 새 인생을 개척 중이라 하신다.

이 삶은 나의 삶이지 나를 대신해 살아주는 삶은 없다.
지금도 내 삶이니 내가 하고 싶은 것을 해 보자.
거짓과 게으름과 굴종과 음란과 다툼을 피해서 해 보자!
나만의 바람과 구름과 비를 이용해 함께 해 보자!

지금 내가 하는 일이 자연과 인간을 해치지는 않을까?
내가 해야 할 일과 지켜야 할 것을 소홀히 하지 않을까?
내가 하는 일이 내 천국을 만드는 일이라면 포기하지 말자.
할 말 하고 살고, 하고 싶은 것은 하고 살자!
화내보고, 용기도 내보고, 미워도 하고, 사랑도 하고, 싸워도 보자!
아직은 함께 천국을 만들려는 사람이 많은 대한민국이다.

해 보자! 사람답게 내 방법대로 성실히 해 보자! 이것이 단군의 비밀이다.

사람의 모델

전통적으로 우리는 착한 사람, 좋은 사람, 본받고 싶은 사람은 부른다면 서양은 영웅이라고 하지만 동양은 효자라는 말을 한다. 부모님들이 들으시기에 최고의 칭찬이다. 효자는 내가 되고 싶다고 나를 효자라 불러 달라 하든지, 부모가 내 자식이 효자라고 자랑한다고 해서 효자가 되는 것은 아니다. 효자라 불리는 사람은 다른 사람들이 그 사람의 평소 행실을 보고 효자라고 부르고 칭찬한다. 명예나, 직책이나, 권력이나, 돈이 나보다 많다고 해서 효자라 하지 않고 부모 잘 모시고, 가족을 잘 부양하며, 남을 위해 좋은 일 많이 한 사람을 본받고자 효자라 한다. 아주 어린이 일지라도 그에 맞는 행동을 기대 이상으로 한다면 말이다.

우리 민족은 "효(孝)"를 최고의 미덕으로 생각해 왔다. 그 이유는 환인과 환웅과 단군의 3대가 홍익인간을 하고자 하는 뜻을 세우고 발전하고 계승하는 모습을 효의 모델로 삼았기 때문이다. 효가 동양 철학의 최고 가치관인 이유가 이 때문이 아닐까? 하늘의 신과 땅의 신과 사람이 조화를 이루어 천국을 만드는 방법이 공자가 말한 "옛 어진 이가 가르친 도"가 이것이 아닐까 생각한다.

단군 신화는 우리 민족을 천국을 꿈꾸는 민족으로 만들기 위한 이야기 모델로 계속 전해져 오는 것이 아닐까?

수양은?

한국 본기에 구환의 민족이 하나가 되는 과정을 요약하면 다음과 같다.

> 사람이 빛을 알고 스스로 교화되어 아침에는 해 뜨는 곳을 저녁에는 달이 뜨는 곳을 찾아가 경배하였듯이 환인이 저절로 다섯 가지 사물(수, 화, 목, 금, 토)을 만들고 기르는 것을 아시고 이를 사람에게는 다섯 가지 가르침(오훈)을 가르치시고 다섯 가지 일을 다스리셨다. 오가의 무리들이 모두 어려움을 참고, 부지런히 잘 배워 마음의 빛을 얻어 상스러운 일을 만들고 세상의 즐거움을 얻었더라.

즉 스스로 조선의 백성이 되었다는 것이다.

내 삶의 모든 부분을 오가의 무리처럼 참고, 잘 배워 마음의 빛을 얻어, 상스러운 일. 즉, 좋은 일 하고 즐겁게 누리고 감사하는 것이 수양 아닐까?

나는 누구인가?

나도 삼신이네

나는 혈연으로는 부모님의 자식이고, 남편과 형제이고, 자식들의 부모이다. 사회에선 상사의 부하이고, 누군가의 동료이고, 부하의 상사가 된다. 능력으로도 언젠가는 초보이고, 주역이 되고, 지도자가 된다. 상, 하, 좌·우로 모두 동시에 세 가지 질서와 관계로 맺어져 있다. 내 삶도 삼신의 조화로 하나다.

내 위치에 따른 어떤 욕심을 가지고자 하느냐에 따라 관계를 변화시킨다. 지금 세상이 천국이 될 수도 있고 아래 세상이 될 수도 있다. 해야 할 것과 하고 싶은 것을 어떻게 하느냐는 내 선택이고 남과 세상을 바꾸는 열쇠이다.

지금 나는 누구에게는 신이고, 누구에게는 사람이고, 누구에게는 인간이다.

신의 후손답게 살아 보자.

관심과 관계와 만남은 또 다른 나를 만든다

지금 누구를 만난다면 왜? 어떤 감정과 행동이 나타날까?

남녀가 서로 만난다는 가정하고 경우의 수를 생각해 보자.

첫째는 만나는 목적이다. 서로 보고 싶어 두 눈에 꿀이 뚝뚝 떨어지는 경우 1가지, 둘 중 한 명은 싫은 마음으로 만나는 경우 2가지, 둘 다 미워하는 마음으로 만나는 경우 1가지까지 모두 4가지의 경우가 생긴다.

두 번째는 알아가는 과정이다. 서로의 차이를 알고, 주고받고자 하는 의도와 차별에 따라 달라질 수 있는 3가지 경우가 생긴다.

세 번째는 감정이다. 만나면서 감정이 복합적으로 표현되는 7가지 경우가 생긴다.

네 번째는 성장 환경이다. 각자 살아온 교육과 경험과 의지에 3가지에 따라 결정을 다르게 할 수 있다.

다섯째는 만족도이다. 서로 만족도에 따른 태도 10가지 중 한 가지 행동을 선택한다(가해, 무시, 방임, 권리주장, 양보, 배려, 보호, 자기 발전, 협동, 봉사).

이를 계산[1]해 보면 두 명이 만나면 840(4×3×7×3×10= 840) 가지 경우 중 하나가 된다. 그런데 반(840/2=420)은 내가 선택한다.

----

[1] 저자의 생각

인간의 어리석고, 잘난 척하고, 괴팍하고, 조화되기를 바라지 않는 고집과 탐욕스럽고, 잔인하고, 약탈을 일삼는 7가지 성품에서 지혜롭고, 겸손하고, 조화를 위해 양보하고, 베풀고, 인자하며, 약자를 돕는 마음과 행동을 내가 선택한다면 반은 줄일 수 있다.

먼저 목적과 감정표현과 차별과 태도를 바르게 선택한다면, 다음 만남에는 더 좋은 교육과 경험과 의지로 만난다면, 상대의 선택을 바꿀 수 있을 가능성이 있다. 관계와 질서를 평안으로 바꾸어 갈 수 있다.

사람의 마음은 수만 가지라 알 수 없다고 한다.

세 명이 만나 나타날 수 있는 행동의 경우의 수를 계산해 보면 [(4×3×7×3×10=840)×(4×3×7×3×10=840)] = 2,822,400가지 경우가 나타나지만 세 명 모두 만족하는 경우가 우리 모임에서는 훨씬 더 많다. 왜냐하면 혼자의 외로움보다 '우리'라는 좋은 관계를 바라고 있기 때문이다.

특히 한국 사람들에게는 "홍익인간"의 DNA가 우리 사상에 있기에 '우리 집', '우리 차', '우리 방', '우리나라'처럼 '우리'라는 복수를 단수로 표현하는 유일한 민족이다. 우리 민족은 이 세상에서 삶을 함께하고 싶어 하는 좋은 사람들이라는 증거다. 그래서 나쁜 사람이 뉴스거리가 되어야 하는 이유이지만 요즘은 좋은 사람에 대한 뉴스가 더 필요할 것 같다.

포로라면 밧줄로 꽁꽁 묶어야 하고,

사랑하는 사람이라면 마음껏 할 수 있도록 놓아주어라.

'가라!' 해도 안 간다.

나처럼 잘해 주는 사람이 없기 때문이다.

나도 나한테 잘해 주는 사람이 좋더라.

그렇다면 나도 신이 될 수 있다. 천국 가는 길을 만들어 보자.

내가 읽은 최고 교훈집

내가 꿈을 꾸고 있나 보다

첫째는 우리 민족의 위대한 건국 역사이다.

이 세상을 천국으로, 모두 함께 즐거운 세상을 만들어 가는데 과거에도, 지금도, 미래에도 우리 민족이 나아가야 할 방향을 제시한다.

둘째는 사람의 조건을 집대성한 인성 교훈집이다.

인간을 불안으로부터 조화를 통해 평안으로 인도하는 인도서이다. 인간의 삶의 과정에서 조화를 일구기 위해 알아야 할 것과 해야 할 것을 알려준다. 사람이 사는 목적과 절차와 방법과 내용이 함축되어 있다. 살면서 접하게 되는 다양한 가치관의 혼란 속에서도 바른 삶을 살수 있게 개념과 우선순위를 바로잡는 길라잡이다.

셋째는 천국을 이 세상에서 이루는 지혜를 쉽게 전한다.

세상과 인간이 돌아가는 모든 이치를 설명하고 나라와 지도자와 백성과 내가 모두 평안을 이루는 방법을 제시하고 있다. 지금 세계가 겪

고 있는 이념과 종교와 인종의 다툼과 개인이 괴로움을 해결하는 해결
서다. 세상 누구나 바라는 천국이야기가 아닌가?

개꿈이라도 좋다

단군 신화가 지금은 한낱 역사 지식 쪼가리로, 동화로 남겨지고 있
다. 단군 신화의 등장인물들이 모두 꿈을 꾸고, 배우고, 가르치고, 하
고 싶은 일을 하도록 주는 일을 했다. 그리고 배워 개척해 나아갔다.

성적으로 평가하고, 비교하고, 흑백논리로 하나를 선택하게 하고,
경쟁하고, 살아남는 방법을 가르치는 교육과 사회와 문화에서 자기가
하고 싶은 일을 할 수 있도록 해 주는 교육과 사회와 문화로 빨리 바
뀌어야 한다고 생각한다.

젊은이들이 춤과 노래와 영화와 음식의 문화로 세계가 주목하는
한류를 제대로 전할 기회를 만들지 않았나. 이제는 우리가 사람을 이
롭게 하고자 하는 마음으로 후손들과 함께 세계를 고조선의 조선 사
람으로 만들어 보자.

단군 님들 이야기가 한낱 동화에 그치지 말고 생각하는 힘을 기르

는 교훈으로 아이, 어른 모두 배우고, 익히고, 즐거이 가르쳐서 하나가 되는 기회를 살렸으면 하는 생각이다.

한낱 동화로 후손에게 전해질까 안타까울 따름이다.
그래서 나의 개꿈을 이렇게 쓴다.
어머니와 가족들이 좋아하시면 더 좋고. 아싸~!